DALZ

:SCO

s Berverages and Brews

El gran libro de la magia con velas

Hechizos, encantos,
rituales y adivinaciones

EDICIONES OBELISCO

Si este libro le ha interesado y desea que le mantengamos informado
de nuestras publicaciones, escríbanos indicándonos qué temas son de su interés
(Astrología, Autoayuda, Ciencias Ocultas, Artes Marciales, Naturismo,
Espiritualidad, Tradición...) y gustosamente le complaceremos.

Puede consultar nuestro catálogo en www.edicionesobelisco.com

Colección Magia y Ocultismo
EL GRAN LIBRO DE LA MAGIA CON VELAS
Patricia Telesco

1ª edición: febrero de 2006

Título original: *Exploring Candle Magick*

Traducción: *Verónica d'Ornellas*
Maquetación: *Natàlia Campillo*
Diseño de cubierta: *Mònica Gil Rosón*
Ilustraciones: *Colleen Koziara*

© 2001 by Patricia Telesco
(Reservados todos los derechos)
Original publicado en inglés por Career Press, 3 Tice Road,
Franklin Lakes, NJ07417, USA.
© 2006 by Ediciones Obelisco, S.L.
(Reservados los derechos para la presente edición)

Edita: Ediciones Obelisco S.L.
Pere IV, 78 (Edif. Pedro IV) 3ª planta 5ª puerta.
08005 Barcelona-España
Tel. 93 309 85 25 - Fax 93 309 85 23
E-mail: obelisco@edicionesobelisco.com

ISBN: 84-9777-262-8
Depósito Legal: B-5.082-2006

Printed in Spain

Impreso en España en los talleres gráficos de Romanyà/Valls S.A.
Verdaguer, 1 - 08076 Capellades (Barcelona)

A todos mis seres queridos:
sois lasluces de mi vida

Prólogo

Una luz en la oscuridad: las velas en la historia, la tradición popular y la aromaterapia

Encenderé una vela de comprensión en tu corazón,
que no se apagará.
Los evangelios apócrifos

¿Qué sería de una cena romántica para dos sin la luz de las velas? ¿No resultaría triste un pastel de cumpleaños sin velas? No valoramos estas cosas porque las velas son algo muy corriente. Pero, desde luego, no somos los primeros en usarlas para todo, desde prácticas religiosas hasta ocasiones especiales, por no mencionar la iluminación.

Una breve historia de las velas

La historia es muy imprecisa respecto a los humildes inicios de las velas. Se sospecha que en lo más remoto de la historia de la humanidad se utilizaba grasa animal para crear algo parecido a las velas con la finalidad de iluminar la noche y alejar a los malos espíritus que estaban al acecho. En crónicas escritas se han encontrado referencias a candelabros en el siglo IV a. C. en Egipto, lo cual indica que probablemente su origen es mucho más antiguo. Los indicios también sugieren que los egipcios utilizaban sebo como el principal ingrediente para las velas. Aparentemente, los griegos y los romanos hacían lo mismo, añadiéndole una práctica mecha.

La idea de las velas cargadas de grasa puede parecernos extraña y un tanto sucia, pero la grasa es sólo uno de los ingredientes insólitos que aparecen en la historia de su fabricación. Entre otros, encontramos:

✛ Cera obtenida de insectos y moldeada con semillas (Japón)
✛ Cera obtenida hirviendo canela (India)
✛ Cera del árbol Cerio (sudoeste de los Estados Unidos)
✛ Cera de bayas del arbusto *Myrica cerifera* (Nueva Inglaterra)
✛ Esperma de ballena* (diversos lugares)
✛ Cera de hojas de candelilla, de hierba de esparto y de hojas de palma
✛ Petrel de la tempestad y el pescado llamado eulachon (noroeste del Pacífico)

La palabra cera proviene de un término del latín que significaba «antorcha» o «iluminar». El valor simbólico de la palabra y la iluminación de la vela no se perdió con los primeros teólogos. La Iglesia católica comenzó a usar una vela blanca para representar la pureza de Cristo, el poder de Dios y la conciencia espiritual aproximadamente en el siglo v d. C.

Alrededor del año 1200 empezaron a aparecer unas velas que se asemejaban a las actuales. Es entonces cuando vemos las primeras bujías hechas de sebo y de cera de abejas. La

* Materia grasa que se extrae del cráneo de los cachalotes.
  (N. del T.)

cera de abejas era preferible, de lejos, tanto por su apariencia como por su olor, pero también era muy cara. De modo que, durante un tiempo las velas de cera de abeja fueron un signo de riqueza. En esta época, aproximadamente, también se comenzó a añadir color a las velas.

En aquellos tiempos, los gremios de fabricantes de velas ya estaban bien establecidos. Había uno específico para las personas que hacían velas a base de grasa animal y otro para quienes las fabricaban con cera de abejas. En París, los gremios pagaban impuestos por la producción de velas, lo cual es una señal bastante importante de que el negocio era floreciente.

Las técnicas de fabricación de velas con moldes llegaron en el siglo XV, cosa que hizo que éstas fuesen más accesibles para el público general. Con este cambio en la industria, los gobiernos buscaron maneras adicionales de beneficiarse de este antiguo artículo. Mientras tanto, a finales del siglo XVI, la Iglesia católica comenzó a usar velas rojas en las misas porque parecían aumentar el impacto de los sermones en los asistentes.

Al llegar el siglo XVII, los ingleses prohibieron las velas de fabricación casera, exigieron que la gente comprara una licencia para fabricarlas, ¡y luego pagara impuestos sobre las velas producidas! En el siglo XVIII, aparecieron las máquinas para fabricarlas, junto con las primeras cerillas, y hacia 1850 los fabricantes de velas ya utilizaban parafina.

Entretanto, al otro lado del océano, en Norteamérica, la gente regalaba velas a los recién casados para que la pareja jamás pasara necesidad y como deseo de que tuvieran muchos hijos. Desde entonces, el mundo de las velas ha sido un poco como un libro abierto. En el mundo entero han aparecido empresas comerciales que ofrecen velas de todos los colores y formas imaginables. Y gracias a los libros y los cursos sobre el tema, en los últimos años muchas personas también han empezado a dedicarse a este arte como un pasatiempo. Éstas son buenas noticias para los practicantes de magia que quieren tener variedad y/o la opción de hacer velas empezando desde el principio para poder cargarlas con su energía personal.

Supersticiones y creencias

Estoy segura de que muchas prácticas mágicas se ocultan bajo el barniz más seguro y socialmente más aceptable del folclore y la superstición en muchos marcos. Esto ocurría sobre todo en los años en los que la magia y la brujería eran tabúes y la gente temía por su vida. Después de todo, la mayoría de las personas no se sorprende ante un acto supersticioso que se ha venido repitiendo durante generaciones... y rara vez lo consideran algo mágico. No obstante, si investigamos más a fondo descubrimos que el sello de lo mágico abunda en muchas de estas creencias. He aquí sólo algunas de las supersticiones que rodean a las velas:

Suerte y bendiciones:

PARA TENER BUENA SUERTE, enciende siempre la vela con la mano derecha. No obstante, si la vela se apaga enseguida, tendrás mala suerte. Esta creencia podría adaptarse fácilmente a un hechizo con velas para la buena suerte.

JAMÁS QUEMES LA BASE DE UNA VELA para conseguir que encaje firmemente en el candelabro. Esto trae mala suerte. De modo que, para los rituales y los hechizos, sería mejor derretir cera dentro del candelabro y luego introducir la vela para asegurarla.

DEJA QUE LAS VELAS DE YULE se consuman por sí solas si quieres tener bendiciones y buena suerte. Incorpora esta idea a tus celebraciones festivas.

NUNCA ENCIENDAS TRES VELAS con una misma cerilla ni tengas tres velas encendidas a la vez, pues trae desgracias. Éste es un tema en el que la magia difiere, pues el tres es un número sagrado para la diosa y representa la naturaleza tríada de la humanidad.

ÚNICAMENTE UNA MUJER LLAMADA MARÍA debería despabilar las velas el día de Navidad para que no se pierda la bendición. Esto no es demasiado práctico, ¡pero es interesante!

REGALA UNA VELA hecha con cera de bayas del arbusto *Myrica cerifera* en la víspera de Año Nuevo a tus amigos a los que quieras desearles buena suerte, prosperidad y salud. Para lograr un mayor efecto, debería arder por completo en la víspera de Año Nuevo. Esta creencia es perfecta para la magia tal como es.

Dinero:

SI QUIERES HACERTE RICO O RICA, jamás enciendas una vela con un fuego encendido. Usa esto como una pauta cuando estés haciendo magia para tener prosperidad y dinero.

Protección:

SI FUERA HAY UNA TORMENTA, enciende una vela bendita para estar a salvo. La mayoría de practicantes de magia probablemente usaría una vela blanca para este propósito, ya que el blanco es el color de la protección.

ENCENDER UNA VELA CUANDO NACE UN NIÑO, después de una muerte y en tu propio cumpleaños te proporciona una protección adicional ante el mal. Ésta es una gran idea en todos los sentidos. En una ceremonia de nacimiento, la luz honra al espíritu del bebé que llega a este mundo. Ante la muerte, le muestra al espíritu el camino de salida hacia la siguiente encarnación. Y en tu cumpleaños, una vela te recuerda tu propia luz, la cual siempre debería ser honrada.

Señales y presagios:

UNA VELA QUE SE APAGA DURANTE un ritual indica la presencia de una fantasma inquieto. De hecho, a menudo he descubierto que esto es verdad. Si un espíritu aparece en un ritual no podrá entrar en el círculo sagrado sin permiso. Júzgalo por ti mismo, siendo consciente de que no todos los espíritus son agradables y no todos tienen buenas intenciones.

EN LA ANTIGUA GRECIA, si una chica podía soplar la llama de una vela y hacer que luego se encendiera de nuevo, era señalada como virgen vestal y se le asignaba la tarea de cuidar los fuegos sagrados de Vesta. Vesta es una diosa fantástica para ser invocada por quienes hacen velas, para obtener bendiciones en su arte.

LAS VELAS QUE ARDEN CON UNA LLAMA AZUL o tienen una cera que forma una lámina sinuosa alrededor de la base revelan la presencia de espíritus. Algunas personas consideran que esto también es un presagio de muerte. En la magia, la observación de la cera o la llama de una vela es una forma común de adivinación, y hay muchísimos significados asociados a los movimientos de la llama, de los que hablaremos más adelante en este libro.

SI UNA VELA NO SE QUIERE ENCENDER, es que se avecina una tormenta. Esto es debido a la humedad en el ambiente.

UNA VELA QUE CHISPEA con fuerza anuncia la llegada de una carta para la persona que está sentada frente a ella (véase capítulo 2).

DAR UN GOLPE ACCIDENTALMENTE A UNA VELA, haciendo que caiga y se apague, indica que habrá una boda en la familia (véase capítulo 2).

SI UNA PERSONA PUEDE REAVIVAR UNA VELA que se está apagando, ello indica que es virtuosa y tiene un corazón puro (véase capítulo 2).

VER UN ARO EN LA LLAMA DE UNA VELA indica un compromiso o una boda (véase capítulo 2).

UNA ACUMULACIÓN DE HOLLÍN en la mecha de una vela revela la visita de un extraño en breve (véase capítulo 2).

Deseos:

EL RITUAL DE SOPLAR LAS VELAS en el cumpleaños podría
tener su origen en los rituales para Artemisa. La clave es
conseguir apagar todas las velas a la vez. El humo que se
produce a continuación lleva tus deseos a los cielos. Éste
es un gran acto de brujería que funciona de forma maravillosa tal como es. Pero recuerda que, en la magia, el
silencio es poder. Contar tu deseo disipa la energía que
hay detrás de él.

Las velas y la aromaterapia

Aunque puede parecer extraño incluir la aromaterapia en
una sección sobre historia y superstición, los temas están
íntimamente ligados. Desde tiempo inmemorial, el uso de
aromas es muy conocido en el misticismo y la religión. Los
sacerdotes y sacerdotisas de los templos de la Antigüedad
quemaban incienso, pues creían que su aroma agradaba a los
dioses y que el humo elevaba las plegarias a los cielos. Los
babilonios fueron tan lejos que incluso echaban perfume a
los bloques con los que construían los templos, y en la India
muchos espacios sagrados tenían paredes de sándalo básica-
mente por el mismo motivo.

En el año 1500 a. C., los sanadores utilizaban aromas
como la lavanda para mejorar la disposición del paciente
y acelerar su recuperación. Los egipcios usaban aromas, por
ejemplo, para tratar la depresión. En Grecia, Hipócrates
estudió los efectos de los aromas para la curación y conclu-
yó que los baños perfumados o los masajes con perfume
podían ser beneficiosos para el ser humano.

¿Y de dónde obtenían estos pueblos y otros como ellos
los conocimientos para las aplicaciones de los diversos aromas? ¡Pues del folclore y de la mitología de las plantas de
las que provienen los aromas, por supuesto! Muchos de

estos mitos y leyendas se originaron en Arabia, China y la India, donde era bastante habitual investigar las propiedades de las plantas. Esta información, cargada de magia, fue entonces transportada por inteligentes comerciantes en caravanas por todo el mundo conocido. Esto, ciertamente, también sirvió para elevar el precio de las mercancías, puesto que tenían unos poderes maravillosos.

Incluso con toda esta excitación, la verdadera «ciencia» de la aromaterapia no empezó a tomar forma hasta finales de la década de los veinte. Sin embargo, es interesante notar que muchas de las antiguas correspondencias aromáticas se mantenían: lavanda para la paz, limón y clavo para la limpieza, y así sucesivamente. Esto quiere decir que el fabricante de velas mágicas tiene muchas opciones para elegir al considerar el aroma de una vela.

He aquí una breve tabla que te puede ayudar. Observa que me he centrado sobre todo en las asociaciones de aromaterapia mágica. En la aromaterapia mágica, el aroma liberado por la vela encendida cambia las vibraciones dentro y alrededor del aura de la persona, lo cual, a su vez, refuerza cualquier trabajo mágico que esté realizando, siempre y cuando el aroma haya sido elegido correctamente.

Camomila	Enfrentarse a los cambios en la vida.
Canela	Energía, aumento del apetito.
Cedro	Limpieza, valentía, purificación.
Frutos del bosque	Buena fortuna, abundancia, felicidad.
Incienso	Bendiciones, reducir la ansiedad.
Jazmín	Atraer a un hombre, mejorar la concentración en la meditación.
Jengibre	Poder, calmar el espíritu.
Lavanda	Descanso, paz.
Lila	Armonía, percepción mental.
Limón	Cualidad tónica, limpieza.

Loto	Espiritualidad, iluminación.
Madreselva	Prosperidad, percepción psíquica, seguridad.
Manzana	Salud, alegría.
Melocotón	Cumplir los deseos, sabiduría, longevidad.
Menta	Dinero, rejuvenecimiento.
Mirra	Desterrar, cambiar hechizos, sanación.
Naranja	Dormir mejor, cualidad tónica.
Pachulí	Alejar a los insectos (reales o figurativos).
Piña	Bienvenida, hospitalidad.
Pomelo	Refrescar, eliminar el abatimiento.
Romero	Conservar la memoria.
Rosa	Equilibrar energías femeninas, amor, amistad.
Salvia	Limpieza, sabiduría.
Sándalo	Seguridad en uno mismo, espiritualidad.
Tomillo	Magia de las hadas, psiquismo.
Vetiver	Transformación, cambio de forma, atraer a una mujer.

Una pregunta frecuente que surge en este punto es: ¿dónde, exactamente, se pueden conseguir los aromas para las velas y cómo se añaden a ellas? Trataré este tema en el primer capítulo. De momento, baste decir que puedes preparar tus propios aromas o comprarlos, y que añadirlos a las velas es increíblemente sencillo, ¡de modo que no sufras!

Ten presente que esta lista es sólo un punto de partida. Puedes apoyarte en las correspondencias habituales de la aromaterapia, contar con las asociaciones metafísicas para la planta de la que proviene el aroma, o simplemente seguir tu visión personal. Aquí no hay nada correcto o incorrecto, salvo lo que tiene sentido para ti y lo que te parece que se adapta mejor a tus metas espirituales.

De modo que ahí lo tienes, ¡envuelto en cera! No importa dónde miremos, parece que las velas han estado brillando en los asuntos humanos, desde los de estado hasta los del espíritu, desde hace mucho tiempo. Ahora, simplemente, vamos a llevar la iluminación de las velas a un nivel distinto, uno que está guiado por la voluntad, el propósito y el amor perfecto.

Introducción

*Mientras vivimos, nuestro camino
está iluminado como la llama de la vela.
Nuestro hogar nos cobijará y nos protegerá
para que la llama arda siempre brillante y cálida.*
HOLLY L. ROSE, *Where the Heart is*

Una mujer contempla pensativa una vieja mesa de madera en la que se han colocado cuidadosamente unos cristales, un cáliz de peltre, una pluma grande, un poco de incienso de salvia y una concha marina para crear un círculo. En el centro, el punto de este sencillo mandala y altar, se ha colocado una vela pura y blanca. La mujer respira hondo y, concentrando su mente y su voluntad en la armonía, alarga la mano suavemente y enciende la vela. La magia ha comenzado.

No, ésta no es la descripción de una escena de una película o una obra de teatro. De hecho, este tipo de actividades tiene lugar todos los días, realizadas por personas como tú y yo, gente que desea encender la llama de la verdadera magia en su vida cotidiana. Y en el centro de toda esta actividad espiritual descubrimos un antiguo símbolo y herramienta: una simple vela.

Hay algo especial y verdaderamente mágico en la luz de las velas. Crea un ambiente que uno siente que es distinto. Cubiertos por la suave luz difusa de la vela, nos resulta más fácil dejar de lado nuestro mundo cotidiano y pensar en cosas místicas. En los parpadeos de esa llama casi podemos oír los susurros de tiempos antiguos, unos tiempos en los que la magia no era más «sobrenatural» que el nacimiento de los bebés. Esos susurros nos llaman y nos ruegan que escuchemos y sigamos ese ejemplo sencillo, pero sabio.

En el mundo entero, las velas han formado parte de ceremonias religiosas, representando la presencia del espíritu y la luz espiritual que vive en cada ser humano. En muchas formas de magia popular, las velas juegan un papel en la adivinación, ya sea como un instrumento para predecir el futuro, como punto focal, o como un medio para cambiar el estado de ánimo. En la *Wicca*, la *Strega*, la Santería y muchas otras tradiciones místicas, las velas son una parte integral de los hechizos y el ritual.

¿A qué se debe esta popularidad? Probablemente a que las velas casi siempre han sido accesibles y fáciles de hacer. Nuestros antepasados eran muy pragmáticos y consideraban los artículos cotidianos y el mundo que les rodeaba como una fuente de componentes mágicos de los que podían disponer con facilidad. Después de todo, ¡no tenían un supermercado en el barrio al que acudir cuando los diversos artículos se acababan! En esta misma línea, cuando una cosa no estaba a mano, era sustituida por otra llena de significado. Así fue como las velas llegaron a ser todo, desde adornos hasta pomadas encantadas.

Si mezclas toda esta historia, tendrás una base bastante impresionante para construir toda una escuela en torno a la magia con velas. Se podría decir que si sólo pudieras elegir un objeto para la magia, al menos querrías tener una vela. De hecho, las velas son la herramienta que yo prefiero por encima de todas las demás, excepto yo misma.

Entonces, ¿por dónde se empieza? Desde mi punto de vista, es más fácil hacerlo desde el principio: la historia y la tradición popular de las velas. Estas crónicas y supersticiones albergan una gran cantidad de magia esparcida generosamente por todas partes, y algunas de sus tradiciones se mantienen hasta el día de hoy.

Partiendo de esta base, *El gran libro de la magia con velas* pasa a explorar el arte de hacer velas, lo cual no es difícil, ni caro, ni toma demasiado tiempo. Además, realmente creo que las personas que hacen sus propias velas tienen más éxito con la magia debido a la energía personal que entra en el proceso de creación.

A continuación, trataremos la adivinación con velas y otras técnicas adivinatorias, las velas como amuletos y objetos encantados, y las velas en los hechizos y en los rituales. Estos puntos focales representan los usos más comunes de las velas en las prácticas mágicas. ¡Pero aún no he terminado!

Yendo un paso más allá, *El gran libro de la magia con velas* repasará las fiestas que se deleitan con las velas. Esto, a su vez, te ofrecerá una oportunidad perfecta para poner en práctica algunas de las artes y habilidades recién aprendidas. En este libro hay también un apéndice de dioses y diosas que han estado asociados de alguna manera a las velas, de manera que, si lo deseas, puedes invocar a los poderes adecuados para que bendigan tus esfuerzos.

Por último, hablaremos de la iluminación eléctrica. ¿Por qué? Porque es la versión moderna de la vela y porque, puesto que no todas las viviendas o escenarios son adecuados para la magia con velas, ésta es una opción viable para las tecno-brujas de todas partes. Esta sección dará un significado completamente nuevo a la frase «ilumina tu vida».

Como con cualquiera de mis libros, te recomiendo encarecidamente que uses tu propio juicio respecto a lo que recibas de estas páginas y apliques en tu vida. Mi «luz» espiritual es sólo una entre muchas, y tu corazón debería ser tu gurú más fiable para la magia. Si hay cualquier cosa aquí que sientes que no es adecuada, no la uses.

Por otro lado, creo que la magia con velas no da la impresión de ser un engaño, porque muchos de nosotros ya hemos transitado por este camino. *El gran libro de la magia con velas* es una celebración de este método honrado por el tiempo que se puede adaptar fácilmente a la visión espiritual de cualquier persona. De modo que pasa la página, enciende las velas ¡y reclama la noche!

1   El arte de las velas

La esperanza, al igual que la centelleante luz
de una vela, adorna y alegra nuestro camino.

OLIVER GOLDSMITH

Soy una gran defensora de reclamar las artes que se han perdido en las librerías llenas de polvo o debido a los avances tecnológicos. Hay algo especial en los objetos hechos a mano: una cualidad única y una sensación que simplemente no te dan las cosas fabricadas con máquinas. Desde un punto de vista espiritual, los artículos hechos a mano también contienen una especie de energía, como una huella digital que no sólo indica quién ha fabricado el objeto, sino para qué tipo de magia está hecho.

Teniendo esto presente, este capítulo repasará algunos de los métodos más sencillos para que puedas hacer tus velas tú mismo. Es cierto que hay más aproximaciones que las que yo trato aquí, pero he elegido las que considero que ahorrarán a los lectores más tiempo y dinero en herramientas y materiales. Después de todo, vivimos en un entorno desafiado por el tiempo, en el cual los horarios no siempre dejan sitio para procesos largos e interminables. Si te interesan los métodos más elaborados de fabricación de velas, hay algunos libros excelentes sobre el tema que aparecen en la lista de lecturas recomendadas al final de este libro.

En segundo lugar, este capítulo comenta los aspectos mágicos de la elaboración de velas: principalmente cómo infundirlas con la energía adecuada para la tarea que tienes en mente. Hay muchas cosas que puedes hacer fácilmente mientras fabricas tu vela y que tendrán un efecto positivo en su valor simbólico total. Mejor aún: seguir estas técnicas produce un objeto que, de principio a fin, ha sido diseñado intencionadamente para un uso metafísico. Esto, a su vez, da como resultado una magia más poderosa y significativa.

Fundamentos mundanos

Muy bien, primero los aspectos esenciales. No puedes añadir magia a un proceso si no tienes ni idea de dónde empieza dicho proceso. Creo que muchas de las personas que están leyendo esto se acordarán de cuando hacían velas con envases de leche en los campamentos o en la escuela, y ésa probablemente es la medida en que la mayoría de la gente ha estado expuesta a este antiguo arte. Qué diablos, yo tengo un montón de aficiones artísticas y me quedé totalmente sorprendida al ver la gran variedad de métodos de fabricación y técnicas de decoración de velas que existen. De modo que, ¡explorémoslos juntos!

¿Un terreno difícil?

Cuando compres una mecha en una tienda de manualidades, verás que tiene una etiqueta que indica para qué tamaño de vela puede utilizarse con mayor eficacia. Las velas extra pequeñas miden menos de 2,5 cm de diámetro, las pequeñas hasta 5 cm de diámetro, las medianas hasta 7,5 cm, las grandes hasta 10 cm y las extra grandes a partir de 10 cm de diámetro.

También es posible que veas otras etiquetas en las mechas. Una mecha de trenzado plano es mejor para las velas que se fabrican sumergiendo la mecha en sebo caliente y para las velas pilar. Los trenzados cuadrados funcionan bien con la cera de abejas, las velas pilar, las de bloque cuadrado y las de formas novedosas. Las mechas con centro hueco tienen apoyo, lo cual hace que sean ideales para las velas que se sostienen solas. Fíjate que, independientemente de qué mechas elijas, se debe sumergir la trenza en cera durante al menos un minuto, luego extraerla y dejarla enfriar. A continuación, se debería fijar una pequeña pieza de metal a un extremo de la mecha (llamada lengüeta) antes de usarla para hacer una vela. Esta lengüeta va en la base.

Si la vela rebasa su borde con cera, se inunda de cera o produce demasiado humo, es que has elegido una mecha demasiado pequeña. Una mecha que acumula carbón en la parte superior, o una vela pilar que empieza a gotear indican que la mecha es demasiado grande. Las velas que chisporrotean pueden tener bolsas de aire, y no son muy seguras. Es mejor volver a derretirlas y moldearlas otra vez.

Al realizar la investigación para este libro, me pareció interesante que no todas las mechas están presentes en el proceso de vertido. Algunas son insertadas en la vela cuando ésta ya se ha endurecido. Esto se hace utilizando una vara de metal delgada, caliente, que se inserta a través de la vela, y a continuación se introduce la mecha por el orificio. Luego se llena cualquier espacio sobrante con un poco más de cera. La ventaja de este método es que no tienes que volverte loca intentando mantener la mecha recta o erguida mientras viertes la cera derretida.

La cera:

Hablando de cera, también la hay de varias clases, adecuadas para los diferentes tipos de velas. Una cera con un punto de fusión más bajo es mejor para las velas que se sostienen solas y las velas pilar, de manera que la mecha puede obtener más oxígeno, por ejemplo. Otros tipos de cera adecuados para la fabricación de velas caseras incluyen:

✢ DE BAYAS DE *Myrica cerifera*: Es muy cara y difícil de encontrar, pero se consigue una vela maravillosamente perfumada (cuidado con la parafina que está perfumada con aceite de bayas, ya que no se trata de lo mismo).

✢ CERA DE ABEJAS: Una cera que arde lentamente, cuyo color y aroma cambia dependiendo de las flores con las que las abejas la han obtenido. Es más cara que la parafina, pero también produce una vela más duradera.

✢ MEZCLA DE CERAS: Ésta es la cera que uno ha guardado de otras velas. Aunque los resultados pueden no ser muy fiables, es una gran manera de reciclar y de ahorrar dinero. No obstante, desde el punto de vista mágico, sugiero que guardes juntas las velas que has usado con propósitos específicos, o que mezcles, equilibres y combines cuidadosamente los temas de las velas para que el resultado no sea un montón de energía confusa.

✢ PARAFINA: Es la cera más corriente utilizada en las velas modernas. La ventaja de la parafina es que es separada por el punto de fusión. La desventaja es que es necesario mezclarla con un diez por ciento de ácido esteárico para que la cera se mantenga dura y para crear una apariencia opaca. En términos generales, debes buscar un punto de fusión de entre 50 y 65 grados y una parafina completamente refinada, que es muy fiable. Pero no compres parafina en el supermercado. No es buena para hacer velas (está pensada para las conservas).

Observa que algunas de las personas que hacen velas mezclan ceras para crear una variedad de efectos, como parafina con cera de abejas y ácido esteárico para conseguir una buena vela vertida o sumergida, o una mezcla al cincuenta por ciento de parafina y cera de abejas para las velas hechas con molde. En cualquier caso, necesitas aproximadamente cinco kilos y medio de cera para fabricar una docena de velas de aproximadamente 25 centímetros de largo y 2 centímetros de diámetro (una taza y media de cera derretida equivale a 450 gramos de cera sólida). En términos generales, es mejor comprar cera en una tienda de manualidades.

Aditivos:

Para las velas mágicas es muy probable que quieras añadir hierbas, aceites y otros ingredientes para personalizar la energía. Cuando lo hagas, pon la menor cantidad posible y mezcla todo bien. Ten en cuenta que es posible que la cera con una alta proporción de aditivos no se endurezca o no se derrita adecuadamente, y menos aún de una forma segura. Asegúrate de que las hierbas vengan en polvo (no en grandes trozos que pueden arder con el fuego) y mézclalas bien con la cera líquida, a mano, durante al menos entre tres y cinco minutos para que se distribuyan equitativamente.

Color:

La cera de color o los aditivos de color se pueden comprar en la mayoría de tiendas de material para manualidades. De lejos, los más comunes en las tiendas locales son los tintes de anilina que vienen con instrucciones completas acerca de las proporciones. No obstante, una buena alternativa para las velas mágicas es buscar ayuda en el almacén de la naturaleza. De esa forma, no habrá sustancias químicas que podrían entorpecer el eficaz fluir de la energía.

Remoja partes de flores, hierbas o vegetales de colores intensos en cera tibia, repitiéndolo tantas veces como sea necesario para conseguir los resultados deseados. La remolacha en particular produce un precioso tono rojo; el hinojo, una tonalidad marrón; la piel de cebolla da un tono marrón pálido o dorado, y el azafrán da un amarillo.

Aromas:

La manera más fácil de perfumar una vela es con aceites esenciales o de aromaterapia. Yo evitaría cualquier esencia que esté preparada con alcohol, pues perdería su aroma con mucha rapidez. Además, es posible que tengas que frotar la parte exterior de la vela o sumergir la mecha en más aceite para conseguir un grado de intensidad que te agrade. La proporción media de cera con aceite es de 225 gramos de cera por una cucharadita de aceite. Los aditivos de aceite no deberían exceder, bajo ninguna circunstancia, el tres por ciento del peso de la cera.

Otra alternativa es añadir hierbas y especias en polvo a la cera (o sumergir grandes trozos de plantas en ella) para crear un aroma. Pero ten cuidado con la temperatura a la que añades las hierbas. Algunas de ellas son sensibles al calor (por ejemplo, las rosas) y es necesario esperar a que la cera esté entre caliente y tibia. Esto puede significar tener que sumergirlas repetidamente, ¡pero es mucho mejor que el olor a planta quemada!

Algunos de los mejores proveedores de aromas son las tiendas *New Age*, las cooperativas de alimentos, las herboristerías y algunas páginas de internet como *www.frontiercoop.com.*

Utensilios:

Como cualquier manualidad, la fabricación de velas requiere unos cuantos utensilios. Si eliges cogerlos de los de tu hogar, no vuelvas a utilizarlos para usos culinarios. Algunos de los aditivos para las velas no son comestibles, de modo que estos utensilios deberían guardarse en un lugar seguro, lejos de los de la cocina.

Para empezar, necesitas una cazuela. Una caldera doble que no sea de aluminio sería estupenda, si la puedes encontrar, pero si no es así, una cacerola normal servirá. Una cuchara para mezclar, un cazo, papel periódico (para cubrir la superficie de trabajo), tijeras, un cuchillo, un sujetapapeles o cinta adhesiva (para mantener la mecha en su lugar), una tabla de plástico para cortar (para la cera en láminas) y un cubo (para enfriar los moldes) son cosas que podrás encontrar fácilmente en casa. También necesitarás soportes para ollas y agua fría. La cera se pone muy caliente (más de 76 grados al derretirse).

Si tu cera todavía no está cortada y pesada, posiblemente necesitarás una báscula. Para las velas a las que vas a introducirles la mecha una vez solidificadas, necesitarás un piolet o una varilla de metal que se pueda calentar. Por último, para hacerte la vida más fácil, consigue aceite para cocina en *spray* para que las velas puedan salir del molde fácilmente.

Hora de limpiar:

Cuando estés preparado para limpiar lo que has ensuciado, evita poner los cazos y los platos en el fregadero. Acabarás con una factura de fontanería monstruosa. En lugar de eso, deja enfriar el exceso de cera y almacénalo en bolsas de plástico o en otros contenedores, separándolo por color y aroma. Lava tus utensilios con agua caliente en el exterior, o pasándoles una toalla de papel que luego echarás a la basura.

Tipos de velas específicos

Hay montones de velas que puedes aprender a hacer. Aquí hablaré de aquellas que son fáciles y rápidas de fabricar y que requieren la mínima cantidad de ingredientes y de molestias.

Enrollar, enrollar, enrollar

Para los lectores que disponen de poco tiempo, la vela más rápida de hacer es, de lejos, la vela enrollada. Para ello necesitarás láminas de cera enrollable del color elegido, las hierbas o aceites que desees, un par de tijeras y una mecha. Empieza por cortar un cuadrado o rectángulo cuya longitud sea la deseada para la vela. El ancho debería ser el doble del largo para que arda durante un buen tiempo.

Calienta la lámina de cera para que sea moldeable. Una forma sencilla de conseguirlo es poniéndola al Sol (esto no sube las facturas de electricidad o gas y permite que la cera se cargue espiritualmente con la energía solar). A continuación, estira la mecha a lo largo del borde cercano a ti, con una pulgada sobresaliendo de la parte superior, y comienza a enrollar, asegurándote de que la vela quede prieta. Si utilizas aceites, frota la cara interior de la cera con ellos. En el caso de las hierbas en polvo, espárcelas del mismo modo (es posible que tengas que calentar suavemente toda la vela durante unos momentos cuando hayas acabado, para que se mantengan fijados en su sitio. Esto puede hacerse con un secador de pelo).

Una bonita enroscadura (literalmente) en la vela enrollada empieza cortando una diagonal en la lámina de cera desde la esquina superior izquierda hasta la esquina inferior derecha. En el lado largo es donde colocarás la mecha, y la forma de enrollar es la misma, sólo que ahora el resultado será una espiral, que es un símbolo mágico maravilloso. La espiral representa los ciclos, la reencarnación, la protección y la transformación.

Otra opción es utilizar láminas de cera de colores variados. Para conseguirlo necesitarás cortar trozos de cera en láminas y calentar los bordes (una vez más, con el secador de pelo) para unirlos. Si es necesario, derrite un poco de cera blanca y sella los trozos en la parte interior de la lámina. Luego enróllala como antes, preferiblemente como una vela en espiral. La vela tendrá diversas capas de color.

Cuando hayas acabado de enrollar la vela, saca uno de tus cazos para derretir cera y caliéntalo. Coloca sólo la base de la vela enrollada firmemente sobre el fondo del cazo, dejando que se derrita un poquito de cera. Esto sella la vela y asegura que tenga una base plana.

Velas vertidas

Ésta es una aproximación a la fabricación de velas sumamente versátil y, además, muy rápida. Para las velas vertidas puedes usar todo tipo de moldes, como los de madera, los de vidrio (para las velas que van dentro de un recipiente) moldes para gelatina, moldes naturales (como los de arena, de media cáscara de naranja y de conchas de mar), y la venerable cubitera para hielo o el molde hecho con un envase de leche (que es desechable).

Las velas que van dentro de un recipiente son fantásticas en lo que a la seguridad se refiere. En este caso, lo mejor es elegir un recipiente fuerte, de boca ancha, de vidrio, cerámica o metal para verter en él la cera. Prepara la mecha por adelantado usando una trenza que sea más larga que el recipiente, una base de papel de aluminio para darle peso y un lápiz al que amarrarás la mecha para conseguir que se mantenga en el centro del molde. Puedes verter un poco de cera tibia en la base y dejar que se enfríe para asegurar la mecha a su sitio.

Los recipientes de vidrio son ideales para la cera multicolor. Además, dejan que se vea con mayor facilidad el nivel de cera vertida y derretida. Independientemente de qué recipiente elijas, es mejor que la vela sea pequeña (no más de 15 cm). De lo contrario, se apagaría fácilmente.

Si la vela con recipiente que estás haciendo tiene varios colores, hay un efecto realmente fantástico que puedes conseguir, aparte del de las capas. Justo antes de que una capa de cera se enfríe del todo, pínchala con un mondadientes u otro instrumento puntiagudo en varios puntos alrededor del borde del recipiente de vidrio. Deja que esta capa de cera se acabe de enfriar y luego vierte la siguiente. Esto dará un efecto de goteado o rayado ahí donde pueda verse. O puedes añadir una capa de hielo picado o de cera en trozos al proceso. Esto dará una apariencia jaspeada a la pieza terminada.

La única diferencia entre una vela de molde y una vela con recipiente es que la primera será extraída del receptáculo en el que fue creada. Ciertamente, puedes comprar moldes comerciales, pero la bruja de cocina ingeniosa se deleitará buscando los moldes que tenga a su alcance en casa. A mí, en particular, ¡me encanta cómo salen las velas de la cubitera de hielo! Yo uso esas velas en los hechizos para dispersar la ira o para enfriar una situación caldeada, porque el valor simbólico de la imagen de una cubitera entra fácilmente en el espacio sagrado.

De lo único que te tienes que preocupar es de asegurarte de engrasar ligeramente el interior del molde con aceite. Cuando la cera se haya solidificado, intenta retirar la vela. Si ves que le cuesta, deja correr un poco de agua caliente sobre el exterior del molde e inténtalo de nuevo. A propósito, si descubres que el molde no ha funcionado todo lo bien que esperabas, siempre puedes volver a derretir la cera y intentarlo una vez más.

También disfruto haciendo velas de arena. Si quieres hacerlas tú mismo, la arena debe estar húmeda y compacta. De este modo, podrás darle forma (además la humedad ofrece una cierta protección contra las quemaduras y el fuego en la cera). No viertas la cera caliente directamente en la arena, pues ello tiende a modificar la forma que has hecho. En lugar de eso, viértela en una cuchara y vacíala lentamente sobre la superficie de arena. Esto necesita, aproximadamente, unas cuatro horas para enfriarse. Luego utiliza un secador de pelo para derretir el exterior de la vela, ayudando así a que la arena penetre en la cera, y no se desprenda con facilidad.

Proyecto especial 1: El poder de las flores

Toma un globo pequeño y llena la parte inferior con un poco de agua fresca (la cantidad dependerá de lo grande que quieras que sea tu flor de cera). Derrite ceras de diferentes colores en ollas distintas, añadiendo el aroma deseado. Cuando la cera alcance aproximadamente los 65 grados, sumerge 3/4 partes del globo en la cera. Repite la operación después de un minuto con el segundo, el tercer o el cuarto color, hasta que la cera tenga un grosor de unos 6 milímetros. Apoya brevemente el globo con la cera sobre una superficie plana y déjalo enfriar. Pincha el globo y talla la estructura resultante dándole la forma de pétalos, y llena el centro con un popurrí de flores y hojas secas cargados mágicamente.

Consejos para la decoración

Una vez has acabado de hacer la vela, no es difícil añadirle detalles. Por ejemplo, supongamos que quieres añadirle un emblema mágico. Envuelve la vela con cinta adhesiva de pintor, y deja sólo la forma del emblema sin cubrir. Hazlo con cuidado, ya que vas a volver a bañar la vela en otro color para que el emblema sobresalga de la otra cera. Para conseguir el mejor resultado con esta técnica, deja la vela original en un lugar cálido mientras calientas la nueva cera a unos 62 grados. Introdúcela brevemente una o dos veces en la cera para obtener el efecto deseado y luego sumérgela de inmediato en agua fría para conseguir un acabado brillante.

Proyecto especial 2: Velas invernales de nieve

Esta técnica es fantástica para hacer que la cera tenga una apariencia de nieve, de nata batida, de algodón o de otras materias esponjosas. Para el practicante de magia, esta técnica ofrece una oportunidad maravillosa para hacer unas velas de invierno o de Yule con una apariencia que honre a la estación.

Para empezar, consigue 225 gramos de parafina y caliéntala a 70 grados. Añade una cucharada de almidón de maíz (maicena) y bátelo con una batidora manual. Al hacerlo, la cera comenzará a adquirir el aspecto de nata batida. Colócala alrededor de una vela central roja o blanca (o simplemente dale la forma que quieras alrededor de una mecha que tengas preparada). Cuando la cera se enfríe, espolvoréale un poco de escarcha plateada o dorada por encima para que brille con luz propia.

Otro toque encantador que al parecer gusta a muchas de las personas que se dedican a la magia es añadir hierbas y flores a la vela terminada. Para hacerlo, simplemente sumerge el elemento deseado en cera derretida. Advertencia: la cera no debe estar demasiado caliente. Bastará con que apenas supere el punto de fusión. Ten en cuenta que tal vez tendrás que mover suavemente o dar forma a las flores para que queden planas, pero normalmente la cera evita que se rompan. Coloca la flor enseguida ahí donde quieras que quede en la vela. Continúa con todos los lados de la vela hasta que hayas terminado y luego baña toda la vela acabada en una cera transparente. Como antes, sumergir la vela inmediatamente en agua fría hará que el exterior se mantenga brillante.

Hay un tercer método de decoración que requiere algunas plantillas, un pincel pequeño y trocitos de velas del color que quieras. Coloca la plantilla sobre la vela terminada que deseas decorar. Derrite los trocitos de cera y luego déjalos enfriar hasta que unos tres milímetros de la superficie estén translúcidos. Sumerge el pincel en la cera y aplícala a la plantilla. Retírala con mucho cuidado para evitar que la forma quede borrosa.

A quienes os guste grabar varas o bastones, el cuarto método de decoración os proporcionará un nuevo medio en el que probar vuestras habilidades. En este caso, calentad vuestras herramientas de grabado y cread los diseños que queráis en la cera. A algunas personas les resulta más fácil dibujar el diseño primero con un lápiz y luego grabarlo. Este método en particular es doblemente bello si bañas la vela con varias capas de cera, cada una de ellas de un tono distinto. Luego, el grabado revelará las capas.

Problemas y soluciones

Es inevitable encontrarse con una serie de problemas al hacer velas hasta que uno le coge el tranquillo. Esta lista te ayudará a saber lo que probablemente ha ocurrido y cómo solucionarlo.

Es muy importante que tengas paciencia contigo misma en este arte (o en cualquier otro). Nadie se convierte en un experto de la noche a la mañana, y la frustración no es el tipo de energía que te gustaría que penetre en tus velas mágicas. Cuando te parezca que las cosas no te están saliendo bien, haz una pausa y vuelve a intentarlo más tarde. En el ínterin, siempre puedes usar una vela prefabricada para tus hechizos y rituales.

A continuación te detallamos en un cuadro los problemas más habituales con los que te puedes encontrar y sus soluciones.

Problema	Solución
Burbujas	Vierte la cera en el molde más despacio.
Grietas	Suelen aparecer cuando la vela se enfría con demasiada rapidez. No aceleres el proceso.
Superficie opaca	Esto es perfectamente normal. Las velas adquieren un brillo bonito si las frotas con una tela muy suave.
Pérdida de color	Mantén las velas lejos de la luz solar cuando no las estés utilizando.
Agujero en el medio	Vierte más cera en esta zona mientras la vela se está enfriando.
Separación entre capas	Esto ocurre cuando la cera que se añade está demasiado fría. Si ya se han solidificado más de tres milímetros, es que está demasiado fría.
Capas que se mezclan	O no has dejado que la capa anterior se enfríe lo suficiente, o has vertido la capa siguiente cuando la cera estaba demasiado caliente.
Apariencia jaspeada	Aumenta la temperatura del molde antes de verter la cera en su interior. Puedes hacerlo colocando el molde en el microondas o en el horno durante unos minutos. Otra posible causa es que hayas puesto demasiado aceite en el molde.
Color extraño	Es posible que, accidentalmente, hayas utilizado un cazo o un utensilio en el que hubiera cera de otro color, o que la cera estuviera sucia. En el segundo caso, puedes volver a derretir la cera y pasarla por una tela para colar queso.
Se ha atascado en el molde	Usa más aceite y, al añadir más cera, ten cuidado de no alterar la suave unión entre la cera original y la pared del recipiente.

Velas mágicas

En realidad, añadir una dimensión mágica a la elaboración de velas no es demasiado difícil. Simplemente es distinto, por una razón: en lugar de limitarte a pensar en el proceso en sí mismo, debes tener en mente tu objetivo mágico concreto mientras trabajas. Esto llena la vela con una energía específica que encaja con tu objetivo. Luego, cuando la vela se encienda, empezará a liberar esa energía. ¿Te parece sencillo? Lo es, ¡y ahí reside su belleza!

Pero ésta es solamente una de las diversas maneras de saturar las velas con las mejores vibraciones posibles. Algunos de los otros métodos que respaldarán tus objetivos son:

1. Elegir un color que refleje de algún modo tu necesidad o tu objetivo (para obtener ideas, consulta la tabla que aparece en la sección de hechizos y rituales).

2. Dar a la vela una forma para que la configuración final represente tu objetivo en su forma manifestada. Si no eres muy artista o no tienes acceso a moldes, las formas geométricas simples son una opción excelente. Concretamente:

   + *Círculo*: Ciclos, realización, protección, espacio sagrado, el Sol o la Luna (el color puede determinar esto), familia/tribu, totalidad, igualdad, hechizos, destino.

   + *Cruz*: Descubrimiento, encontrar objetos, tomar decisiones, equilibrio elemental, lazos familiares (espirituales).

   + *Cuadrado*: Cimientos, magia de la Tierra, anclarse, mente consciente, aprender, salud física, verdad, confianza.

   + *Triángulo*: Conexión cuerpo-mente-espíritu, fertilidad, energía vital, realización, sexualidad (especialmente para las mujeres).

Si te resulta difícil darle forma a la vela, en lugar de eso graba una imagen en ella.

3. Añadir a la mezcla de la vela hierbas, flores y aceites que sean indicativos del propósito de la vela. En el capítulo 5 se ofrecen algunos ejemplos, y aquí tenemos más correspondencias:

✛ *Albahaca*: Devoción, amor, felicidad.

✛ *Almendra*: Adivinación, sanación, hechizos, discernimiento.

✛ *Anís*: Energía y aspecto juvenil, desterrar pesadillas, protección.

✛ *Brezo*: Destino y fortuna, encanto, belleza, fantasmas.

✛ *Camomila*: Magia de la Tierra, victoria, reducir la ansiedad.

✛ *Canela*: Deseo, intuición, limpieza, energía.

✛ *Cedro*: Abundancia, seguridad, limpieza, psiquismo.

✛ *Jengibre*: Poder, emociones cálidas, habilidades comunicativas.

✛ *Laurel*: Victoria, amor, predecir el futuro, deseos.

✛ *Lavanda*: Encanto, armonía, limpieza, serenidad, manifestar magia.

✛ *Limón*: Limpieza, devoción, magia con muñecos, emociones positivas.

✛ *Manzana*: Belleza, adivinación, productividad, salud.

✛ *Maya*: Adivinación, alegría, actitudes juveniles, realización de deseos.

✛ *Mejorana*: Eliminar la negatividad, percepción mental, alegría, seguridad.

✛ *Melocotón*: Predecir el futuro, abundancia, sabiduría, honestidad, prosperidad.

✛ *Menta*: Reducir el estrés, hospitalidad, concentración, esperanza, alegría, educación, espiritualidad.

✛ *Naranja*: Devoción, fidelidad, eliminar tensión, alegría.

- ✞ *Nuez moscada*: Estar despierto, comprender, educación, memoria.
- ✞ *Pimienta inglesa*: Suerte, inventiva.
- ✞ *Pino*: Limpieza, alejar la negatividad, sanación, éxito.
- ✞ *Plátano*: Ofrendas, fertilidad, abundancia, sexualidad masculina.
- ✞ *Romero*: Mejorar la mente consciente.
- ✞ *Rosas*: Amor (de todo tipo), espiritualidad, magia de las hadas, promesas, meditación, karma.
- ✞ *Salvia*: Desterrar, limpiar, sabiduría, deseos, magia con sueños.
- ✞ *Tomillo*: Magia de las hadas, valentía, trabajo con los sueños, limpieza, vitalidad.
- ✞ *Vainilla*: Alegría, amistad, amor, deseo.
- ✞ *Violeta*: Devoción, perdón, confianza, descanso.

4. Asignar a la vela un tamaño que sea adecuado para la aplicación mágica. Por ejemplo, para algo que represente un objetivo de largo plazo necesitarás una vela grande. Las velas pequeñas pueden representar las necesidades inmediatas y funcionan bien para los encantos cotidianos.

5. Mezclar los componentes de las velas en el sentido de las agujas del reloj para atraer energía positiva o en el sentido contrario a las agujas del reloj para alejar las influencias no deseadas.

6. Añadir cristales a la base de la vela (o como parte de su decoración exterior) para favorecer todavía más la magia. En el caso de los metales, una alternativa es colocar la vela en ese tipo de candelabro.
He aquí una breve lista de correspondencias de piedra, cristal y metal que puedes consultar:

+ *Ágata*: Trabajo con sueños, comunicación, prosperidad, deseos de armonía, seguridad, desterrar el miedo.

+ *Amatista*: Protección, belleza, aprendizaje, devoción, concentración espiritual, intuición, paz interior.

+ *Ámbar*: Encanto, valentía, efusividad, victoria, destreza física.

+ *Berilo*: Hospitalidad, amistad, cuestiones legales, incitación a la educación.

+ *Latón*: Prosperidad económica, magia solar, salud.

+ *Cobre*: Sanación, comunicación del espíritu, agudeza mental.

+ *Conchas de mar*: Magia del agua, ciclos, esfuerzos adivinatorios, cambio.

+ *Coral*: Magia del agua, concentración, trabajo con los sueños, larga vida, sueño tranquilo, protección a los niños.

+ *Cuarzo*: Impulsor de energía de uso múltiple, claridad, velas adivinatorias, visión.

+ *Estaño*: Buena fortuna, magia para viajes.

+ *Feldespato*: Magia lunar, percepción, psiquismo, jardinería.

+ *Hierro*: Cimientos, fuerza, eliminar energía negativa, evitar a seres feéricos maliciosos.

+ *Jade*: Magia de la Tierra, fortuna, plegarias, magia de la lluvia.

+ *Obsidiana*: Cimientos, varar energía no deseada.

+ *Ónice*: Simetría, deseo, seguridad.

+ *Piedra imán*: Atraer energías hacia ti, habilidad sexual, fidelidad, acuerdo.

+ *Plata*: La Luna, la diosa, sentidos intuitivos.

+ *Plomo*: Anclarse, seguridad, hechizos, trabajar con espíritus, predecir el futuro.

+ *Sanguinaria*: Aperturas, habilidades proféticas, poder, honestidad, comunicación.

✢ *Turquesa*: Protección, seguridad, éxito, eliminar el miedo.

Incluso si no hay ninguna tienda *New Age* en tu localidad, quizá puedas encontrar cristales en tiendas de naturaleza y ciencia, y en páginas de internet como: *www.e-witch.com.*

7. Hacer velas en momentos significativos. Cada hora del día, cada fase de la Luna y muchas configuraciones estelares tienen significados metafísicos específicos que el fabricante de velas inteligente puede utilizar para obtener un mayor poder (¡piensa como un Tim Allen cósmico!). Usa esta lista como punto de partida si no estás familiarizado con las asociaciones astrológicas corrientes:

✢ *Luna oscura*: Desterrar, descanso, dormir, eliminar negatividad, introspección y meditación.

✢ *Luna nueva*: Nuevos comienzos, cambio de ciclo.

✢ *Luna creciente*: Crecimiento continuo, transformación positiva, atraer energías específicas hacia ti.

✢ *Luna llena*: Madurez, sabiduría, percepción, fertilidad, trabajo con los sueños, misterios mágicos, poder, diosa.

✢ *Luna menguante*: Reducción, liberación, dejar ir el pasado.

✢ *Luna azul*: Milagros y bendiciones inesperadas.

✢ *Amanecer*: Comienzos, esperanza, juventud, renacimiento, puntos de vista renovados.

✢ *Mediodía*: Energía divina, magia con fuego, fuerza, liderazgo, verdad, mente consciente.

✢ *Atardecer*: Finales y acabar los asuntos.

✢ *Medianoche*: La hora de las brujas, buena para todo tipo de magia.

Si quieres conseguir más información acerca de cómo afectan los signos solares y lunares a la magia, te recomiendo que compres cada año un buen calendario astrológico.

8. Añadir algo personal a la mezcla. Los añadidos tradicionales en la historia de la magia incluyen escupitajos, pelo, uñas, sangre y semen. ¿Por qué esas cosas tan extrañas? Porque en la Antigüedad se creía que la sangre, por ejemplo, llevaba el sello de la persona por la que corría. Al utilizar algo tan personal, estaban marcando esa vela para un uso personal, de una manera semejante a cuando los animales marcan su territorio con orina. Soy consciente de que esto suena extremo, y sólo lo recomendaría para una vela que pretendes usar para ti, pero existe un precedente histórico muy fuerte de esto.

9. Grabar la vela con runas, símbolos, iniciales u otras imágenes que tengan un significado personal.

10. Usar candelabros simbólicos. Afortunadamente, el mercado *New Age* nos proporciona una enorme variedad de candelabros creativos, algunos de los cuales van muy bien con los objetivos mágicos (como los que tienen forma de corazón, para los hechizos de amor).

Ten presente que no tienes que añadir todas estas dimensiones para obtener resultados positivos. El factor más importante es tu concentración intencionada y hacer que cada paso del proceso sea significativo a nivel personal. Más allá de estos puntos, todo lo demás sólo es la proverbial alcorza del pastel.

Magia con velas aplicada

Si compras velas en lugar de hacerlas tú mismo, la magia con velas aplicada debería incluir un par de pasos adicionales. El primero de ellos es limpiar la vela. Después de todo, ha estado en la tienda durante quién sabe cuánto tiempo, absorbiendo al azar energías que podrían resultar perjudiciales para tu trabajo.

Hay tres buenas maneras de liberar una vela de la energía no deseada. Una de ellas consiste simplemente en frotarla con un poco de vino u otro tipo de alcohol mientras te concentras en tu objetivo. Empieza por la parte superior y avanza hacia abajo, para que la energía se mueva en dirección a la Tierra, donde podrá ser reabsorbida. ¡No hay necesidad de dejar vibraciones negativas sueltas por ahí! El segundo método es mover la vela a través del humo producido por un incienso de limpieza corriente, como el de salvia, y el tercero consiste en rociarla con un poco de agua salada o agua con limón.

Una vez completado esto, puedes dedicar tu vela a un propósito. Las velas hechas a mano han sido consagradas a lo largo del proceso de creación simplemente por los materiales elegidos y la concentración de la persona. Las velas fabricadas masivamente pueden tener un uso latente incorporado por su color o su forma, pero aún así es necesario «fijar» el propósito mágico en la cera. Para conseguirlo puedes grabar una imagen del objetivo en la vela y ungir suavemente un poco del aceite de tu piel en ella (esto la marcará como tuya).

Como alternativa, se puede bendecir la vela invocando a un dios o diosa personal para saturarla con su propósito. Dicho sea de paso, una vez que has designado a una vela para un uso específico, ¡asegúrate de guardarla con la etiqueta apropiada! Esto facilita mucho las cosas cuando uno está buscando componentes para un hechizo y un ritual.

Cuando hayas acabado con la limpieza y la consagración, puedes pensar en ungir tu vela. Ésta es una manera de añadir una dimensión aromática a la magia y, ciertamente, también tiene un valor simbólico. Sólo recuerda que la regla general es frotar el aceite en la vela empezando desde la base para atraer energías específicas, o desde la parte superior para desterrar o expulsar. ¡Ahora estás preparado para empezar a hacer magia!

¿Y cómo, exactamente, se pueden aplicar las velas a la magia? Las formas son tan variadas como tu imaginación. Las velas pueden representar necesidades y objetivos, pueden convertirse en muñecos, pueden simplemente crear una ambiente cálido para tu trabajo ritual e incluso pueden representar al Divino. Pero en lugar de limitarnos a hablar acerca de cómo usar las velas, sigamos adelante y probemos los diversos procesos para que puedas ver qué técnicas te gustan más.

La adivinación
de la salamandra

2

Los secretos son revelados
por el espíritu sutil del fuego.
NOSTRADAMUS

¿Por qué la llama de la vela era tan especial para la gente de la Antigüedad? Por encima de todo y más allá de ofrecer una luz muy valiosa con la que realizar las tareas que no se podían hacer durante el día, la mitología mundial suele representar al fuego como un elemento robado a los propios dioses. Es lógico pensar que si los dioses guardaban el fuego como un «secreto», entonces, ciertamente, ¡debe de ser algo muy mágico!

Aunque hoy en día la gente no piensa en el fuego como lo hacían nuestros ancestros, no se puede negar el poder encantador de la llama de una vela. Parece sonreír y saludar a cualquiera que la mire. Algunas personas llaman salamandra al espíritu de la llama, y se dice que sólo vive mientras dura el fuego. Si uno le hace una pregunta al Espíritu, en ocasiones responde con sus movimientos y su forma. Al observar la danza de la salamandra, nuestros ojos y nuestros espíritus son capturados, y empezamos a entrar en unos niveles de visión y de existencia distintos a los que se alcanzan con la vida cotidiana.

Así, llegamos al antiguo arte de ver el futuro mediante la observación del fuego. Hacerlo significa ver desde la distancia o ver cuidadosamente. Éste es el origen del término moderno «discernir», que describe muy bien este acto. La idea es enseñarte una nueva manera de ver y percibir y, al hacerlo, recibir mensajes y percepciones de una herramienta adivinatoria: en este caso, una simple vela.

Consejos útiles

Utiliza estas pautas cuando te estés preparando para la adivinación con velas:

ELIGE EL COLOR DE LA VELA de manera que encaje con el tema de tu pregunta, como por ejemplo, verde para el dinero o rojo para los asuntos del corazón. El color considerado genéricamente bueno para cualquier trabajo de adivinación es el amarillo pálido.

FROTA LA VELA con un poco de algún aceite que sea idóneo con el fin de mejorar los resultados específicos. Ciñéndonos al ejemplo anterior, el de pachulí es bueno para asuntos de dinero y el de rosas es bueno para el amor. También puedes frotar la vela con un poco de tu colonia o tu perfume si la pregunta es personal.

TRABAJA EN UN LUGAR donde no haya viento, pues podría interferir en los resultados.

TRABAJA EN UNA ZONA donde no haya peligro de incendio, y usa un soporte sólido para la vela (véase también capítulo 8).

TRABAJA EN UN LUGAR donde nadie te interrumpa. Apaga la televisión y desconecta el teléfono, y encuentra un espacio privado. La concentración es esencial para cualquier trabajo adivinatorio.

TRABAJA ÚNICAMENTE cuando estés bien descansado y en un marco mental positivo. La ira, la tristeza, la enfermedad y otras situaciones negativas pueden desviar adversamente los resultados de tus esfuerzos.

CONSIDERA LA POSIBILIDAD de montar un espacio sagrado para tu trabajo. Esto impedirá que influencias energéticas no deseadas afecten al resultado. Para las personas que no estén seguras de cómo crear un espacio sagrado, a continuación ofrezco un ejemplo:

Ejemplo de cómo trazar un círculo para la adivinación con velas

Toma una vela blanca bendecida y ungida y enciéndela mientras te colocas en el centro del área en la que vas a realizar la adivinación. Visualiza un círculo de color blanco plateado rodeando la llama de la vela, y muévete hacia la parte oriental de dicho círculo. Detente y di: «Mientras el Sol atraviesa el ventoso horizonte, trayendo el amanecer de un nuevo día, yo sostengo una vela en la oscuridad. Que despierte mis sentidos».

A continuación, avanza hacia el Sur por el mismo círculo. Visualiza que la luz plateada de la vela permanece en el aire detrás de ti, de manera que la primera parte del círculo resplandece con su luz. Cuando llegues al Sur di: «El Sol del mediodía persigue a las sombras y otorga comprensión. Que esta vela me proporcione una visión verdadera».

Continúa hacia el Oeste, manteniendo en tu mente la visualización mientras caminas. Ahora, más de la mitad del círculo arde con la energía de la vela en el ojo de tu mente. Detente cuando llegues al punto occidental y di: «El Sol se pone y besa al mar con una suave calidez. Que esta vela caliente, de igual manera, mi corazón y mi espíritu».

Avanza otra vez hacia el Norte, como antes, imaginando que el círculo de la luz de la vela lo rodea todo, excepto este último punto. Di: «Incluso en la oscuridad de la Tierra, hay luz y esperanza. Levanta los velos que separan los mundos para que yo pueda ver más allá y encontrar respuestas. Que así sea».

Ahora siéntate delante de la vela y empieza. Cuando terminés el trabajo adivinatorio, es bonito invertir el proceso caminando en el sentido contrario al de las agujas del reloj y apagar la vela cuando llegues al Este. Si quieres puedes dar las gracias a los elementos y a los poderes sagrados por protegerte y ofrecerte revelaciones (un corazón agradecido está mucho más abierto a volver recibir revelaciones en el futuro).

CONSIDERA LA POSIBILIDAD de meditar antes de empezar para tranquilizar tu mente y tu espíritu. Los que nunca habéis probado la meditación, no sintáis que tenéis que parecer una rosquilla para que el esfuerzo sea fructífero. Simplemente sentaos en un lugar cómodo y seguid estas pautas básicas:

Meditación para prepararte para la adivinación con una vela

Pon un poco de música tranquila y enciende la vela que pretendes utilizar. Observa la vela durante unos momentos para poder visualizarla con claridad en el ojo de tu mente, sin verla físicamente, y luego cierra los ojos. Respira hondo y con regularidad. Libera las tensiones y los pensamientos mundanos del día y llévalos hacia la imagen de la vela. No pienses en los detalles; sólo en la luz, el resplandor y el calor que la rodea. Ábrete a esa luz acogedora y abrázala. Llévala a tu interior y mantenla en tu corazón para que te aporte energía y concentración. Deja que derrita cualquier ansiedad residual o incertidumbre y piensa únicamente en tu pregunta. Cuando sientas que esa pregunta ha llenado cada fibra de tu ser (como ocurrió con la luz de la vela), abre los ojos y comienza.

LÁVATE LAS MANOS antes de empezar, para eliminar cualquier resto de vibraciones que quede de tu actividad cotidiana normal. Un poco de agua salada o agua con limón es una buena opción. Una alternativa es darte un baño para que toda tu aura se purifique. Pon un poco de lavanda en un trozo de tela, junto con jengibre y salvia, para conseguir paz, energía y purificación, respectivamente.

MANTÉN LA MENTE CENTRADA en la pregunta a lo largo del proceso, y espera hasta que haya sido completado para considerar las posibles interpretaciones.

INTERPRETA LOS SÍMBOLOS y las señales evaluándolos primero con tu corazón y con el significado personal, y luego consulta la clave que se ofrece aquí o en otras colecciones de símbolos para obtener revelaciones alternativas y/o más detalladas.

TOMA NOTAS de los resultados que obtengas para consultarlas en el futuro. Esto es sumamente importante, pues descubrirás que los temas simbólicos se repiten a lo largo del tiempo, lo cual, a su vez, facilita muchísimo las interpretaciones futuras. Algunas lecturas no tendrán ningún sentido durante un tiempo, pero regresa a las que te parezcan enigmáticas una semana, un mes o un año más tarde, y vuelve a leerlas. Las revelaciones llegarán cuando el momento sea el adecuado.

Dicho sea de paso, no necesitas usar todas estas ideas cada vez que realices un trabajo adivinatorio. Lo más importante es que los pasos que des estén llenos de significado y que tengas el marco mental idóneo para la tarea a realizar.

Tipos de adivinación con velas

A lo largo de la historia ha habido muchas maneras de practicar la adivinación con velas e incluso más numerosas son las formas de interpretar los resultados de esas excursiones visionarias. Lo que estoy presentando aquí son métodos que no necesitan muchos componentes adicionales, que son fáciles de aprender y que normalmente no requieren horas y horas de dedicación para conseguir algún nivel de éxito.

Piromancia

Ésta es la forma de adivinación con velas más tradicional y común. Coloca una vela en una zona que esté a un nivel cómodo para la vista, en un candelabro sólido y seguro (¡no hay necesidad de prender fuego a la casa!). Ponte cómodo: es difícil realizar la adivinación si te sientes incómodo o molesto.

A continuación, susurra tu pregunta a la vela y enciéndela. Siéntate y relaja los músculos (si tienes los hombros a la altura de las orejas, no funcionará). Cierra los ojos durante un minuto. Deja fuera del espacio mental que estás ocupando en el presente todo lo que no sea tu persona, la vela y la pregunta.

Cuando te sientas centrado, mira en dirección a la vela, pero no la mires directamente. Deja que tu vista se nuble un poco y respira hondo, de forma regular. Ahora limítate a observar lo que hace la vela mientras tú piensas en tu pregunta. He aquí una lista de valores interpretativos potenciales para que los considere:

✛ *Arde de una forma activa, brillante*: Una respuesta positiva, un «sí».

✛ *Repentinamente arde con más fuerza*: Algo inesperado ocurrirá en tu vida.

✛ *Llama azul (color predominante)*: Una falta de energía impide el progreso. Esto también puede indicar la presencia de un fantasma.

✛ *La vela no se enciende*: Señal de un gran parón. Algo va mal y necesitas repensar las cosas antes de seguir adelante.

✛ *Arde débilmente*: Esto indica una pusilanimidad similar en relación con la cuestión. Obviamente, estás indeciso y quizá sea mejor que pospongas esta decisión o acción hasta que otros asuntos se arreglen.

✢ *Parpadeo*: Falta de energía para apoyar esta decisión o acción. Reúne fuerzas y luego actúa. De lo contrario, no conseguirás los resultados esperados.

✢ *Halo*: Sé cauto. Vendrán problemas.

✢ *Una llama que arde durante mucho tiempo, viva*: Buena suerte.

✢ *Movimiento en la llama*: Las cosas están cambiando y se están transformando. Si la llama se mueve predominantemente hacia la izquierda, es posible que los cambios no sean buenos.

✢ *Llama naranja (color predominante)*: Sentimientos cálidos y momentos placenteros.

✢ *Llama roja (color predominante)*: No permitas que la ira y las emociones gobiernen tus actos.

✢ *Anillos en la llama*: Buenas noticias. Felicidad.

✢ *Arde sin llama*: Soplan vientos de fronda. Resiste.

✢ *Llama dividida*: Dos opciones igualmente atractivas se dan a conocer.

✢ *Llama de tres puntas*: Coge el camino del medio, donde puedes encontrar el equilibrio.

✢ *La cera gotea*: Si lo hace por la izquierda, es una señal negativa; si lo hace por la derecha, es positiva. En espiral indica la presencia de un espíritu que podría tener un mensaje para ti.

✢ *Llama amarilla (color predominante)*: Sé creativo ¡y comunícate!

Llegado este punto, debo apuntar que algunas personas descubren que verdaderamente ven imágenes simbólicas o literales en las llamas. Si esto te ocurriera, no te cierres. ¡Déjate llevar! Es posible que la luz del fuego te haya ayudado a alcanzar un estado similar al trance, más abierto a recibir imágenes del Yo Superior y de lo Sagrado. O podría ser que simplemente sintonizas más con la energía del fuego que la mayoría de la gente.

Aquellos de vosotros que encontréis que la vela no parece reaccionar de ninguna forma inusual, intentad acercarla más a vosotros y volved a empezar. Otra alternativa es observar la llama de la vela a través de una superficie reflejante, como un espejo o un cuenco oscuro lleno de agua. Puesto que la vista de cada persona difiere, observar la llama en diferentes medios puede resolver tus problemas. Si estas sugerencias no dan frutos, no desesperes. Esto podría ser debido a una serie de razones, incluídas:

✦ Una pérdida de concentración durante el proceso.

✦ Interrupciones (ruido externo incluido).

✦ Un estado mental o físico comprometido (el cansancio, la enfermedad, la ira, etc., no suelen producir buenas sesiones de adivinación).

Aparte de estas tres razones, a veces hay momentos en los que la red del destino está demasiado enredada como para decirte algo definitivo. Espera unos días o unas semanas y vuelve a intentarlo, o prueba otro método de adivinación con vela. Si el coche no funciona, ¡cambia los neumáticos!

Ceromancia

La ceromancia es la adivinación mediante las formas que se producen en la cera y es muy corriente en México y en España. Para practicarla, en lugar de colocar la vela en un candelabro, sostenla mientras arde y piensa en una pregunta. Inclina la vela sobre una superficie que no pueda dañarse con la cera (el papel o el agua son dos buenas opciones), mientras continúas concentrándote en la pregunta.

Los resultados de esta actividad pueden interpretarse de una manera similar a como se interpretan las manchas de tinta o las hojas de té. En particular, un corazón cerca de ti podría representar una relación que florece, o que algún ser querido regresa a casa. Un número podría representar el número de días, semanas o meses que deben transcurrir para que la cuestión se resuelva. Las iniciales podrían pertenecer a personas importantes en el asunto, y así sucesivamente. He aquí otros símbolos que suelen aparecer:

+ *Ancla*: Cimientos, y también algo que no te permite avanzar.
+ *Anillo*: Un compromiso o una boda. También puede ser que se esté gestando otro tipo de promesas y compromisos (como una asociación comercial).
+ *Árbol*: Crecimiento, fuerza, vida.
+ *Boca*: ¿Estás diciendo lo que de verdad sientes?
+ *Bombilla de luz*: Un destello de percepción, a veces doloroso.
+ *Burbujas*: Esperanzas; si las burbujas se rompen, las esperanzas no se realizarán.
+ *Caldero*: Símbolo antiguo de la diosa. Vuelve a conectar con ella.
+ *Campana*: Noticias, o la necesidad de protección.
+ *Círculo*: Ciclos, la Luna (o el Sol), protección.
+ *Corazón*: Asuntos emocionales (para más información, observa la forma del corazón).
+ *Cristal*: La necesidad de claridad.
+ *Cruz*: Decisiones. Una encrucijada.
+ *Cuadrado*: Asuntos relacionados con la Tierra o los elementos.
+ *Cubo de hielo*: Un recibimiento gélido.
+ *Dedo*: Acusaciones que pueden ser, o no ser, merecidas.
+ *Escoba*: Es hora de hacer una limpieza espiritual de la casa.
+ *Estrella*: Un deseo secreto.
+ *Flecha*: Mensajes, a menudo acerca de una relación.

+ *Hormiga*: La tenacidad es la clave del éxito.

+ *Laberinto*: Un viaje sagrado.

+ *Lágrimas*: Tristeza temporal.

+ *Libélula*: Se acerca la buena suerte.

+ *Libro*: Ideas abstractas, estudios.

+ *Llama*: Una situación caliente. Ten cuidado.

+ *Llave*: Una oportunidad para descubrir un misterio.

+ *Mano*: Quizá necesites ayuda, o se la ofrezcas a otra persona.

+ *Manzana*: Presta atención a tu salud mental o física.

+ *Mariposa*: Transformación, o también vanidad.

+ *Moneda*: Dinero. Si hay muchas, las finanzas pueden mejorar pronto.

+ *Ojo*: Percepción. ¿Estás viendo las cosas correctamente?

+ *Paraguas*: Tiempo inclemente (a menudo emocional).

+ *Parras*: Alguien se está aferrando mucho.

+ *Pentagrama*: ¡La magia despierta!

+ *Pilar*: Ahora, busca apoyo en los demás.

+ *Pluma*: Anímate. Estás siendo demasiado serio.

+ *Pluma estilográfica*: Es necesaria una comunicación eficaz.

+ *Puerta*: Algo que se abre o que se cierra.

+ *Red*: La necesidad de relacionarte y conectar.

+ *Rollo de pergamino*: La ley kármica se está desplegando.

+ *Triángulo*: Destino. La naturaleza trina llevada al equilibrio.

+ *X*: El tesoro que buscas está justo debajo de tu nariz.

+ *Y*: Una respuesta afirmativa o una inicial.

+ *Zapato*: La necesidad de alejarse de una situación o caminar hacia ella.

A propósito, no limites tu imaginación en relación con el tipo de diseño que ha realizado la cera. Algunas personas ven runas, ¡mientras que otras ven imágenes tridimensionales! Déjate llevar por tu primer instinto y pregúntate qué significa la imagen para ti. Si no se te ocurre ningún valor interpretativo específico, busca esa imagen en alguna guía de sueños o en otro diccionario de símbolos similar. Yo he descubierto que, en ocasiones, usar varios colores de cera mejora los resultados simbólicos de esta tentativa. De modo que, si te cuesta encontrar diseños o imágenes con una vela, prueba con usar dos o tres, para ver si ello te proporciona mejores pistas sensitivas.

Causimomancia

La causimomancia es la adivinación mediante la quema de artículos en un fuego sagrado, incluído el fuego producido por una vela bendecida. Por ejemplo, en Europa la gente solía quemar una hoja seca de muérdago con la llama de una vela. Si echaba chispas, eso quería decir que la ira estaba impidiendo actuar a la persona que preguntaba, mientras que una llama estable indicaba devoción y buenas motivaciones. Asimismo, se dice que si uno quema un guisante con la llama de una vela y se enciende llameando, es un buen augurio.

En la magia moderna, lo más popular es quemar papel, normalmente con la pregunta o los símbolos escritos en él. Este acto consigue dos cosas: proporcionar una segunda llama cuyos movimientos y comportamiento son observados en busca de presagios, y liberar tus preguntas al universo a través del humo producido (dicho sea de paso, la adivinación con este humo se denomina, técnicamente, capnomancia).

Para probarlo por ti mismo, no sólo necesitarás una vela, sino también un buen recipiente a prueba de fuego. Una buena opción sería un cuenco de gres lleno de arena o Tierra. Ahí es donde colocarás lo que va a arder para observarlo. Entonces:

ELIGE LO QUE VAS A QUEMAR. Puede ser el pétalo de una flor, una hierba, un trozo de cuerda de algodón, papel o cualquier otro material natural que represente de algún modo tu pregunta. Asegúrate de que no sea un material cuyo humo pueda provocarte una reacción alérgica.

SI USAS PAPEL, escribe tu pregunta en él, literal o simbólicamente (también puedes escribirla con el dedo mojado en aceite, si quieres).

SOSTÉN EL MATERIAL ELEGIDO en la mano y concéntrate en la pregunta, vierte la energía de tu voluntad en él.

COGE LA VELA y enciende el material a lo largo de un borde, con cuidado.

EN CUANTO EMPIECE A ARDER uniformemente, colócalo en el recipiente a prueba de fuego y observa qué ocurre.

Los resultados de esta actividad pueden interpretarse de una manera muy similar a los símbolos piromànticos que ofrecimos anteriormente en este capítulo. Además, si el material:

SE QUEMA COMPLETA Y RÁPIDAMENTE, es una buena señal. También podría indicar un deseo que se manifiesta mucho antes de lo esperado.

SE QUEMA SÓLO EN PARTE, ésta es una situación 50/50 y podrías reconsiderar tus opciones.

ARDE DÉBILMENTE Y SE APAGA, la respuesta es «No».

ARDE RUIDOSAMENTE, la respuesta es «Sí».

ARDE EN SILENCIO, cuidado con las cuestiones ocultas.

NO ARDE, es un «No» definitivo, acompañado de la advertencia de no seguir adelante.

Tra The-Bon

Una utilización única de la cera de las velas llega a nosotros desde el Tíbet. Ahí, y en ciertas zonas de Arabia, se pinta la uña de un pulgar con cera roja y luego se analiza bajo la luz de una lámpara (probablemente una lámpara de aceite o de grasa). El pulgar no siempre pertenece al adivino, sino que a menudo es el de un niño, porque los niños representan la inocencia y la pureza.

Este método proporciona al practicante moderno una gran flexibilidad. Por ejemplo, si estás preguntando sobre un problema de creatividad, podrías introducir brevemente una hoja de laurel en la cera y analizar su superficie (el laurel es sagrado para Apolo, el dios que gobierna la inventiva). O podrías pintar un poco de cera roja sobre una taza de café para adivinar a qué se debe tu falta de energía (el café representa la energía, al igual que el color rojo). Otra opción es seguir la pauta proporcionada por nuestros ancestros y pintar tu propia uña de la mano con una cera de algún color simbólico para preguntar sobre temas personales. Pero, en cualquier caso, ten cuidado con la temperatura de la cera. Si está demasiado caliente no conseguirás una buena superficie para la adivinación y podrías quemarte.

Si te interesa aprender otras formas de adivinación, consulta mi libro *Futuretelling* (Crossing Press), que es una enciclopedia de métodos y significados de la adivinación.

Las velas en los sueños

Sería un descuido por mi parte pasar por alto el poderoso simbolismo de las velas en otros marcos, aparte de los mencionados en este capítulo. Incluso con la llegada de la iluminación moderna, a menudo aparecen en nuestros sueños como representaciones, presagios y señales para nuestra consideración. Si en tus sueños aparece una vela, éstas son algunas de las formas utilizadas para interpretarlos, según diversas claves:

✦ Un despertar; iluminación.
✦ El nacimiento de una idea, comprensión, imaginación o percepción espiritual.

+ El espíritu humano o el alma.
+ Nacimiento, vida o muerte (dependiendo de si está sin encender, encendida o si ha sido apagada, respectivamente).
+ Esperanza.
+ Ser guiado (luz en la oscuridad).
+ Devoción y constancia si la llama es clara y serena.

Ten en cuenta que la interpretación de los sueños es sumamente subjetiva y que hay muchos factores adicionales en un sueño que pueden tener significado. Para más información sobre las imágenes en los sueños, puedes leer mi libro *The Language of Dreams* (Crossing Press). Dicho libro y *Futuretelling* se pueden conseguir fácilmente en internet, en *www.amazon.com.*

Hechizos y encantos a la luz de las velas

3

Hay dos maneras de difundir la luz:
ser la vela o ser el espejo que la refleja.
EDITH WHARTON

Yo llevaría la idea de Edith Wharton un poco más allá para decir que una tercera manera de difundir la luz es usando la energía de una vela para la magia. A lo largo de la historia del mundo, las velas han formado parte de hechizos, encantos, amuletos, talismanes y fetiches. Aunque su papel exacto cambia de una era a otra y de una región a otra, la luz de las velas alarga la mano desde esta historia y nos llama a seguirla. ¿Por qué? Hay algo en la naturaleza psicológica que responde a esta luz de una forma espiritual positiva. Además, cualquier cosa que se haya utilizado para propósitos mágicos de una forma tan consistente desarrolla un poder comunal inherente que apoya y sostiene nuestros esfuerzos.

Las velas en los hechizos

Afortunadamente, los hechizos que se realizan a la luz de las velas no han pasado de moda, ni tampoco se ha perdido su legado. Nuestras prácticas modernas todavía tienen componentes que se remontan a las primeras formas de magia con velas y nos vinculan a nuestras raíces espirituales. Además, magos populares del mundo entero todavía consideran que los hechizos con velas son un elemento esencial. Para empezar, analicemos los elementos comunes a los hechizos con velas. Mezclando y combinando estos elementos de una forma que tenga un sentido, uno puede crear fácilmente hechizos para cualquier ocasión o necesidad.

Elemento 1: Simbolismo del color

La elección del color de una vela cuando está siendo utilizada para un hechizo es muy importante, ya que representa a la persona o el asunto a tratar. Normalmete, los valores simbólicos están de acuerdo con la siguiente lista (con variaciones personales menores, o que vienen de una tradición cultural o familiar específica):

Tabla de colores para hechizos con velas

El simbolismo para las velas de colores en los rituales (capítulo 5) puede aplicarse fácilmente a los hechizos y los encantos. No obstante, verás que esta lista es más extensa y que es útil para casi cualquier tipo de magia que desees realizar. Como siempre, debes utilizarla como un punto de partida, no como un edicto. Si un color tiene significados distintos para ti, fíate siempre primero de tu instinto.

Negro	Desterrar, cerrar una etapa, magia de la tierra, ver de verdad, eliminar la negatividad, muerte.
Marrón	Anclarse, cimientos, magia de la tierra, seguridad, confianza, la mente consciente, tenacidad.
Dorado	Energía masculina, magia del fuego, poder mental, desarrollar talentos y habilidades personales, victoria, suerte, originalidad.

Verde	Dinero, desarrollo y madurez, abundancia, magia de la tierra, fortuna y destino, magia verde, revitalización, salud.
Azul oscuro	Agua, instinto, innovación, magia con sueños, transformación, devoción, contemplación, magia.
Naranja	Energía (menos potente que la del rojo), motivación, nutrición, ajustes suaves, atraer energía positiva.
Rosa	Amistad, amor tierno, energía de la diosa, emociones, unidad, salud, revivir.
Morado	Liderazgo, autoridad, serenidad, asuntos espirituales, actuar de médium, magia, aumentar la percepción psíquica, juicio espiritual sensato.
Rojo	Vitalidad, energía, la sangre de la vida, sexualidad, valentía, celo, voluntad, superación, victoria, protegerse de las hadas.
Plateado	Energía femenina (la diosa), la Luna, protección, percepción oculta y energía mágica, imaginación.
Azul celeste	Dominio de uno mismo, aguante, alegría, psiquismo, comienzos, percepción, comprensión, magia de viajes, acuerdo.
Violeta	Encontrar cosas, habilidad, avance o progreso, inspiración, trabajo con sueños, comprensión kármica, equilibrio, adivinación.
Blanco	Protección, limpieza, la Luna, pureza, veracidad, armonía, concentración, claridad meditativa. El blanco es el color que sirve para cualquier propósito cuando uno no dispone de otras velas.
Amarillo	La mente, inventiva, conocimiento, seguridad en uno mismo, hechizos para tener encanto y atractivo, comunicación (en todas sus formas), adivinación.

La intensidad de un color también es una consideración importante a tener en cuenta. Cuanto más intenso, más poderoso tiende a ser. Además, el valor simbólico puede cambiar un poco. El azul oscuro es bueno para la armonía interior y el azul claro parece ser bueno como color meditativo que inspira paz mental. Asimismo, si una vela es una combinación de dos colores (como el color melocotón, que es una combinación de naranja y rosa), ambos colores afectan por igual a la energía en su totalidad y a su aplicación final. El melocotón, por ejemplo, puede usarse para alimentar una amistad.

Elemento 2: Grabar o moldear

En los libros o colecciones sobre métodos mágicos es bastante normal encontrar instrucciones para grabar una imagen en una vela, o usar una vela con una forma específica (la puedes comprar así, o tallarla tú mismo). En los hechizos de amor, por ejemplo, es habitual usar una punta afilada, como la de un mondadientes o un alfiler, para grabar en la vela un corazón. La imagen de un corazón está tan fuertemente asociada a las emociones (sobre todo al amor), que a la mayoría de la gente le cuesta muy poco utilizar esta aproximación. La clave para el éxito, sin embargo, es que la persona que está haciendo el grabado y el hechizo equipare el corazón con el amor y realmente pueda poner algo de fuerza de voluntad al concentrarse en ello.

Una muestra bastante horrible de cómo moldear proviene de la antigua Europa (principalmente de Escocia e Irlanda). Ahí, en ocasiones fabricaban las velas con grasa de una persona que había sido ahorcada, para darles el aspecto de una mano (o se adhería a la propia mano conservada). Los ladrones solían quemar estas velas al entrar en una casa para hacer que los residentes continuaran durmiendo mientras ellos se llevaban sus posesiones.

Una segunda ilustración de cómo moldear la tenemos en las velas con forma de persona que a veces se utilizan en el vudú y en las tradiciones relacionadas con él. En este caso, a veces se mezcla la cera de la vela con otros componentes que aumentarán el valor compasivo de la vela hacia la persona a la que representa. No siempre se hace arder la vela, pues puede hacer la función de muñeco. Por ejemplo, si uno va a usar una vela de este tipo para extender energía protectora hacia otra persona, podría mezclar la cera con hierbas de protección como el incienso y la mirra, y luego darle la forma del individuo. A continuación se puede envolver la vela con una tela y guardarla en una caja acolchada o tomar otras medidas similares. De hecho, esto rodea con una seguridad similar a la persona en cuestión.

Al aplicar este concepto básico a la magia moderna, cualquier forma que uno cree en la vela también debe crear un vínculo profundo o una respuesta emocional. Este principio es el núcleo de la magia compasiva. Por ejemplo, cuando uno crea una vela para que tenga la forma de una mujer embarazada con la finalidad de ayudarla con la fertilidad, uno debe sentir un inmenso amor hacia dicha imagen de la persona y el niño que está creciendo en su vientre, aunque sólo se trate de una representación simbólica. En la magia, un símbolo es tan poderoso como aquello que representa. Debes ser capaz de dirigir ese amor hacia ti mismo. El amor tiene un gran poder de manifestación.

De modo que, independientemente de qué elementos elijas, esta pauta básica se aplica de igual modo: si el hechizo no está cargado de significado, si no evoca fuertes emociones y conexiones, no pierdas el tiempo. Encuentra otro o elabora uno tú mismo que satisfaga tus necesidades; de lo contrario, la magia no funcionará.

Elemento 3: Ungir y adornar

Ungir a una vela significa, normalmente, frotarla con un aceite aromático que vaya bien con el objetivo del hechizo. Una alternativa es frotar la vela con tu aceite corporal o con tu perfume personal. Como en el caso del grabado, es muy importante concentrar tu intención mientras unges la vela. De hecho, estás introduciendo tu voluntad en ella a través del aceite.

Adornar es similar a ungir, pero es más literal. Por ejemplo, una vela que va a ser utilizada en un hechizo de unión podría atarse con hilo blanco o con tela, y nunca ser encendida. Por el contrario, se guarda la vela, incluso si uno desea mantener a distancia a la persona o la situación. Otras formas de adornar una vela incluyen:

ADHERIR A ELLA UN CABELLO TUYO (esto marca la vela con energía personal e intención).

UNIR UN PEQUEÑO TROZO DE TELA A ELLA. Lo típico es que pertenezca a la persona hacia la que se está dirigiendo la energía. Pon la tela en la base de la vela por motivos de seguridad.

PRESIONAR UN CRISTAL MUY PEQUEÑO contra la base o el centro de la vela. La colocación en la base representa una energía de apoyo y la colocación en el medio representa un punto de concentración, lo cual significa que el cristal simboliza el objetivo del hechizo.

RODEAR LA VELA CON HIERBAS de apoyo u objetos elementales. Por ejemplo, un hechizo que se centra en la sanación emocional podría emplear una vela flotante (rodeada de agua), ya que el agua tiene una afinidad natural con la curación y con la naturaleza emocional. El hechizo para mantener los pies en la Tierra podría seguir esta metodología incluyendo una vela marrón con Tierra en la base.

Como puedes ver, el hecho de ungir y adornar añade unas dimensiones simbólicas adicionales a tus hechizos, lo cual, a su vez, suele mejorar los resultados. Cuanto más sensuales sean las señales (visuales, aromáticas, etc.) que puedas ofrecer a tu subconsciente, más capaz serás de dirigir tu voluntad y la energía mágica.

Elemento 4: Alfileres

Me sería imposible decir cuántos hechizos he leído que incluyen instrucciones acerca de cómo atravesar el punto medio o la parte superior de la vela con un alfiler recto antes continuar con el resto del proceso. Un ejemplo nos llega desde Inglaterra, donde esto se hacía como un hechizo de amor. Una persona joven clavaba un alfiler en la vela, recitando algo así como: «No estoy pinchando esta vela, sino el corazón de _____. Despierto/a o dormido/a, que mi corazón tenga al hombre (o a la mujer) adecuado/a». Este proceso se repetía varias veces en la vela, con los nombres de varias parejas potenciales. Se creía que la persona «adecuada» llegaría cuando la vela se consumiera del todo.

Para nuestros propósitos, el alfiler es como una X que marca el punto en el que la magia será liberada. No obstante, mientras la vela se va consumiendo hasta llegar a este punto, el practicante debe mantener su concentración, su esfuerzo y su voluntad. Si no lo hace, los resultados serán menores, o inexistentes. Después de este procedimiento, uno puede guardar lo que queda de la vela para otro hechizo similar o deshacerse ritualmente de ella derritiendo la cera.

Elemento 5: El momento adecuado

Muchos hechizos con velas indican al practicante que debe encender la vela en una fecha u hora designada. Personalmente, no considero que éste sea un elemento esencial, aunque la verdad es que tiene muchos precedentes históricos. Para los propósitos de este libro, sugiero que utilices estos elementos de tiempo si: a) van bien con lo que has planificado y b) tienen un significado para ti.

Elemento 6: El silencio

Éste es un elemento muy interesante en la realización de hechizos con velas. Muchos de los hechizos antiguos que he leído indican al practicante que debe permanecer en silencio durante un determinado lapso de tiempo antes y/o después de formular el hechizo. Hay un cierto poder en el silencio, que en parte proviene del hecho de darte tiempo para alejar de tu mente los pensamientos mundanos. Al quedarte en silencio, no liberas energía. En lugar de eso, la interiorizas, te centras y verdaderamente te concentras. Vale la pena seguir este consejo, en especial si el hechizo en sí tiene un tema que respalda el silencio, como poner fin al chismorreo.

Elemento 7: Encender y dejar arder

Como se podría esperar, la mayoría de hechizos con velas exigen que uno encienda la vela en un determinado momento en el proceso mágico y que luego la deje arder durante un cierto período de tiempo. En primer lugar, encender la vela pone la energía en movimiento de una forma bastante literal. Piensa en su valor simbólico y, sobre todo, en la energía natural del fuego.

Hay varios momentos en un hechizo en los que se puede encender la vela. Uno es al principio del trabajo. Con esto se consiguen varias cosas. Puede representar el papel del espíritu en tu trabajo, denotar un espacio sagrado informal, favorecer la concentración, mejorar el ambiente para la magia y representar tu intención de hacer algo metafísico.

Un segundo momento es al principio del conjuro o durante éste. En la magia, el conjuro aporta palabras de poder; además, añade el sentido del oído y una acción física (hablar) al acto, haciéndolo multidimensional. Aquí, la vela representa la voluntad y el objetivo del practicante, y las palabras del conjuro los confirman.

Por último, la vela se puede encender al final del hechizo. Esto simboliza la luz de la magia que sale hacia el mundo y manifiesta su poder. Entonces, ¿cuándo apagamos la vela? Eso también depende del hechizo.

Algunos hechizos indican que se debe dejar que la vela se consuma del todo, utilizando así toda la energía contenida en ella para un propósito específico. Otros hechizos exigen que arda hasta un nivel específico (por ejemplo, hasta la altura del alfiler, o de una señal grabada) antes de ser apagada. Otros recomiendan apagar la vela soplándola en una coyuntura específica del hechizo (por ejemplo, antes de recitar el conjuro) para liberar la energía. Y otras instrucciones nos dicen que dejemos que la vela arda durante un número preestablecido de horas, pues su valor numérico le añade más energía simbólica.

Elemento 8: Recitar, invocar o hacer conjuros

Antes hablé brevemente del poder de la palabra en la magia. ¿Te has fijado alguna vez que la gente que habla de una forma negativa suele también tener una vida llena de cosas negativas? Esto es, en parte, el resultado del poder de las palabras. El sonido tiene una vibración muy específica que llena las áreas en las que vivimos y nos movemos. Si esos sonidos son afirmativos, vemos mejores resultados en nuestra magia.

Recitar es repetir frases que mejoran la concentración personal, ayudan a alcanzar estados de consciencia alterados y tienen una cualidad casi musical. Esto puede hacerse individualmente o en grupo, pero quizá recitar en grupo produzca mejores resultados debido a la capacidad de crear una resonancia armoniosa entre sus miembros. Además, puede producir poder.

Una invocación tal vez debería llamarse una invitación. Este poder de la palabra está diseñado para invitar a un poder elemental o a un poder sagrado (como un dios o una diosa) a que se presente en el lugar en el que se está realizando el hechizo. Esta presencia ayuda a dar poder, a guiar y dirigir la energía del hechizo. Aunque esto se ve más en el contexto de un ritual, también puede formar parte de un hechizo.

El conjuro es una frase o una serie de frases que detallan el propósito del hechizo. En algunos casos, también contiene instrucciones para el mismo. Por ejemplo, si parte del conjuro de un hechizo dice «a la luz de la vela y con el sonido de la campana, ahora libero mi hechizo mágico», tiene sentido pronunciar las palabras «luz de la vela» al encender la vela y las palabras «el sonido de la campana» al hacer sonar una campanita. De acuerdo, ya lo sé: esto plantea la pregunta de por qué habría que usar una campana en un hechizo con vela. La campana produce otro tipo de sonido mágico que lleva la vibración de nuestro hechizo fuera de ese lugar, anunciándolo de forma eficaz a los cuatro vientos.

Pero ¿y los momentos en los que no es posible hablar en voz alta (como cuando estás en el trabajo o en otro lugar que no es adecuado para los procesos mágicos)? En ese caso, piensa en tus palabras interiormente. El efecto es casi el mismo.

Elemento 9: Matices ritualistas

A algunas personas les gusta añadir pequeños matices rituales al hechizo. Por ejemplo, cuando yo realizo un hechizo para obtener dinero, hago algún tipo de ofrenda al universo. Puedo verter un poco de vino, o darle algo valioso a alguien que lo necesite, o vender algo que adoro. Aunque esto puede parecer extraño, somos cocreadores con lo sagrado, lo cual quiere decir que hacemos algo para ayudar a la manifestación. Al hacer un sacrificio o una ofrenda, puedes abrir el camino para que el universo te bendiga triplemente.

Otro añadido ritual es repetir el hechizo un determinado número de veces, o durante un cierto período de tiempo. En cualquiera de los dos casos, el número elegido tiene un valor simbólico que apoya el objetivo del hechizo. He aquí una breve lista de correspondencias numéricas:

Correspondencias numéricas:
1. Unidad, armonía, magia solar, trabajo en equipo, yo.
2. Asociación, acuerdo, equilibrio.
3. Conexión cuerpo-mente-espíritu, tenacidad, salud.
4. Magia de la Tierra, cimientos, estructura, dinero.
5. Asuntos espirituales o psíquicos, adaptabilidad, concentración.
6. Devoción, meticulosidad, protección.
7. Magia del agua y de la Luna, bienestar, previsión.
8. Liderazgo, autocontrol, poder.
9. Verdad, la ley triple, caridad, asuntos legales.
10. Yo racional, lógica, mente consciente.

Debo advertir que, en términos de tiempo, el número puede equivaler a minutos, horas, días, semanas, meses e incluso años, si la cuestión es lo bastante seria como para justificar un apoyo mágico continuo. No renuncies a tus objetivos sin darle al universo el tiempo razonable para que te ayude a manifestarlos.

Elemento 10: Reutilizar los restos de cera
Ésta es una gran forma de reciclar y, al mismo tiempo, aumentar la energía latente en tus velas. A menos que estés utilizando velas que no gotean, es muy probable que tengas trocitos de vela que te hayan sobrado de los diversos procesos mágicos. Si los guardas en cajitas o en bolsitas etiqueta-

das según el tema de la magia, luego puedes volver a derretirlos y permitir que la energía restante que contienen se mezcle con la de otras velas similares. Una vez que la cera se ha enfriado, tendrás la energía acumulada de varios trabajos para apoyar el próximo hechizo o ritual que realices.

✢ ✢ ✢

Como puedes ver, aunque la magia con velas se considera una forma «menor» de magia, en el sentido de que es una costumbre popular, puede convertirse en algo bastante complejo si intentas combinar todas estas opciones. No dejes que esto te disuada. Por lo general, es mejor elegir unos pocos elementos personalmente significativos que tengan sentido teniendo en cuenta el objetivo del hechizo, y no complicarlo. Si piensas tanto en el proceso de tal modo que esto afecta a tu voluntad y a tu concentración, ¡todas las campanas y silbatos adicionales no servirán de nada!

Hechizos temáticos con velas

Antes de ofrecerte algunos ejemplos específicos de hechizos a la luz de las velas para que los pruebes o los adaptes, me gustaría decirte que la vela es sólo una herramienta. No hay nada realmente especial en ese trozo de mecha y cera, excepto el poder de la voluntad y la concentración que diriges hacia él. De modo que no dependas de una herramienta para realizar algo metafísico. Tú eres quien permite que ocurra: tú eres la magia.

Dicho esto, las herramientas son útiles. La mayoría de nosotros no nos sentimos del todo cómodos en nuestra piel mágica todavía, hay una parte de nosotros que dice: «¿Cómo podría hacer algo asombroso?». Esto es perfectamente normal, y las herramientas nos ayudan a superar ese tipo de dificultades, proporcionándonos algo en lo que concentrarnos fuera de nosotros mismos. Esto alivia muchísimo la incertidumbre que a menudo dirigiríamos hacia nuestro interior, y nos permite atender a la tarea que estamos realizando. Con el tiempo, es de esperar que todos nosotros llegaremos a ser lo bastante duchos como para poder dejarlas de lado, pero hasta entonces, he aquí algunos ejemplos de hechizos con velas. No incluyo demasiados porque el objetivo de este libro es ayudarte a crear tus propios hechizos, encantos, rituales, etc. No obstante, al igual que ocurre con la costura, resulta útil tener un patrón a partir del cual cortar la tela. Estos ejemplos representan buenos patrones que yo considero efectivos. Espero que tú también.

Atracción

Éste no es un hechizo de amor en el sentido tradicional. Más bien, la idea es simplemente extender una energía «atractiva» hacia las personas que son más adecuadas para ser tu pareja. Empieza con una vela rosa (un buen color para los sentimientos cálidos). A continuación, encuentra un pequeño imán, como los que se utilizan en las neveras, y colócalo debajo de la base de la vela. Esto es para tu atracción «magnética». Concéntrate en el objetivo de atraer a alguien en tu vida (procura no concentrarte en una persona concreta). Enciende la vela, diciendo algo así como:

A mí, a mí... ven a mí,
alguien que vea con verdaderos ojos de amor,
alguien que sea amable y sabio,
ven a mí,
como un imán al metal,
siente el tirón de este hechizo.
Y luego confía en tu corazón,
¡pero confía plenamente!

Deja que la vela se consuma naturalmente. Si es posible, mantén la concentración mientras arde, para mejorar los resultados. Después puedes llevar el imán en la billetera o en el bolsillo como amuleto (¡pero no lo hagas si trabajas con ordenadores!).

Perdón/Paz

Para este hechizo necesitarás establecer una fecha y una hora con la persona a la que quieres extenderle tu perdón, para que ella pueda participar en él. Cada persona debería traer una vela que represente a la otra. Las velas se colocan en el centro de una mesa (un terreno medio) y se encienden. A continuación, cada persona le habla honestamente a la llama de su vela acerca de su enfado y su dolor. La llama de la vela representa la eliminación de esa negatividad al arder. Deja que el fuego se lleve tus malos sentimientos. Cuando los dos participantes han acabado de decir lo que piensan, se toman de las manos y recitan el siguiente conjuro (u otro más personal) tres veces:

> *Lo que se dijo ahora se rompe.*
> *Tráenos paz con la luz del día,*
> *aleja nuestro enfado y nuestra tristeza.*

Apagad las velas y enterradlas o destruidlas ritualmente para dejar atrás esos sentimientos de forma simbólica. Para que este hechizo sea efectivo, la situación que llevó a él debería considerarse muerta y enterrada, y no se debe volver a hablar de ella sin el consentimiento de ambas personas.

Encanto (seguridad en uno mismo)

¿Te has fijado que todo se ve y se siente de una manera distinta a la luz de las velas? Pues bien, la idea que hay tras este hechizo es llevar esa energía especial hacia el interior de tu aura y permitir que irradie hacia los demás. En este caso, deberías comprar o hacer una vela con forma de persona, de tu color favorito. Frota un poquito de perfume o colonia sobre el corazón y la frente de la figura de cera. Si quieres, también puedes adornarla con un trocito de tela de alguna pieza de ropa vieja tuya para crear simpatía entre la vela y tú.

A continuación, enciende la vela y observa el resplandor de la llama. Fíjate que también tiene un aura que se extiende más allá del fuego. Visualiza que esa luz crece hasta abarcar todo tu cuerpo y luego di:

> *Acepto la luz y esta energía,*
> *¡para que me ayude a tener encanto!*
> *Dentro y fuera, brilla y resplandece,*
> *¡para que la seguridad en mí mismo/a sea mía!*

Apaga la vela y lleva contigo el trocito de tela para mantener cerca de ti la energía del hechizo para cuando necesites liberar un poco de esa actitud de seguridad en ti mismo/a.

Salud
Consigue una vela verde (el color tradicional de la sanación) y graba tu nombre en ella. Frota un poquito de aceite de alcanfor o de tomillo en el punto medio de la misma, en ambas direcciones, para conseguir el equilibrio. Mientras lo haces, di:

> *¡Que la buena salud sea mía*
> *siempre que brille esta vela!*

Enciende la vela unos minutos todos los días durante tus oraciones para tener siempre buena salud. Por otra parte, enciéndela durante más tiempo cuando sientas que estás comenzando a tener un resfriado o una gripe, para darle a tu cuerpo un apoyo espiritual adicional con el que luchar contra los virus.

Alegría

Consigue una vela de color azul celeste, dale la vuelta y graba la mueca de un «puchero» (una U invertida) en su superficie, más o menos hacia la mitad. Si lo deseas, también puedes incrustar en la cera, mediante presión, un pequeño trozo de cuarzo rosa u otro cristal que te agrade en particular, justo debajo de la «cara». A continuación, dale la vuelta a la vela para colocarla en el candelabro (esto hace que la U parezca una sonrisa), y enciéndela diciendo:

> *¡Una sonrisa sólo es un «puchero» al revés!*
> *Dale la vuelta y cambia, dale la vuelta y cambia.*
> *¡La actitud se transforma!*
> *¡Mientras la vela ardiendo esté, alegría yo tendré!*

Enciende la vela cuando digas la palabra «ardiendo» y deja que la felicidad sustituya las oscuras nubes de tu espíritu. La vela debe arder hasta la altura de la sonrisa (pero no dejes que la llama la borre). Llegado este punto, puedes retirar el cristal y utilizarlo como una piedra de toque cada vez que sientas que se está empezando a instalar la depresión.

Fortuna kármica

Éste es un gran hechizo que puedes hacer todos los días para aumentar el flujo de suerte, dinero u otras necesidades básicas en tu vida. Consigue un cuenco grande de vidrio (algo parecido a una pecera) y coloca una sencilla vela blanca en el fondo. Cada mañana, al salir de casa, o cada noche al llegar, enciende la vela y echa algunas monedas en su interior, pidiendo un deseo. Cuando el cuenco esté completamente lleno, dale ese dinero a algún amigo o amiga que lo necesite, o a la caridad; luego cambia la vela y empieza otra vez. ¡Ese buen gesto regresará a ti triplicado!

Percepción psíquica

Este hechizo es un buen accesorio para tus adivinaciones con velas. Antes de intentar realizar una actividad de clarividencia, toma una vela amarilla y graba en ella la imagen de un ojo. Mientras grabas, di algo así como: *«Con ojos para ver la verdad, ¡que mi vista se libere!»*. Enciende la vela y deja que arda hasta que esté justo por encima del ojo grabado. Mientras arde, utiliza ese tiempo para meditar y concentrarte en tu pregunta. Cuando la llama llegue a la altura del ojo, iluminando tu visión psíquica, ¡empieza!

Ten presente que los hechizos pueden manifestarse literal o simbólicamente. Por ejemplo, si haces un hechizo pidiendo oro, podrías recibir un anillo de oro, una camisa dorada, ¡o incluso un sello de oro! Recuerda también que todavía tienes un papel que cumplir cuando hayas terminado el hechizo, principalmente a nivel mundano.

Y por último, cuando veas que tu hechizo se manifiesta, acuérdate de darte unas palmaditas en la espalda y de sentirte agradecido por lo que has recibido. Un corazón lleno de gratitud siempre está preparado para dar y recibir magia.

Amuletos, encantamientos, talismanes y fetiches con velas

No siempre pensamos que las velas pueden utilizarse para estos tipos de magia, pero desde luego pueden aplicarse con un poco de creatividad. De todos modos, para hacer talismanes y amuletos resulta útil comprender las sutiles diferencias entre estos métodos.

Los amuletos son protectores y tienen una cualidad conservadora. La energía del amuleto se mantiene neutral hasta que es llamada a entrar en acción por las circunstancias, o es activada por su propietario. Así, una vela del hogar que es encendida cuando surgen tensiones o problemas es una buena ilustración de una vela-amuleto.

Vela-amuleto para el hogar

A ser posible, haz que todos los habitantes de tu casa participen en la creación y la bendición de la vela. Te recomiendo encarecidamente que la vela sea cuadrada o parezca una casa. El cuadrado simboliza los cimientos y la forma de la casa representa el hogar en términos literales y figurativos. Elige un aroma protector para añadirlo a la cera, como el de cedro o de laurel, y otros aromas que enfaticen el amor y la armonía, como los de rosa y de lavanda, respectivamente. Crea tu vela del hogar un jueves si quieres inspirar devoción, o un viernes si quieres poner el énfasis en las relaciones positivas en general.

Cuando la vela se haya enfriado por completo, ponla en un lugar honorífico en tu casa. Después, todos los implicados en la confección de la vela deberían colocarse de pie delante de ella, tomados de la mano, y decir: «*Protégenos y tráenos la paz, y no dejes que el hechizo se acabe jamás. Cuando arde la vela, ¡nuestra magia vuela!*». Repetid este conjuro hasta que la energía de la habitación rebose de poder positivo. Enciende la vela, deja que arda durante un breve lapso de tiempo y luego apágala. Vuelve a encenderla cada vez que, aparentemente, haya una necesidad de protección o de reducir el estrés en el hogar.

Encantamientos

Los encantamientos son una forma de magia activa, pues su energía siempre está «en funcionamiento» (la mayoría de nosotros no quiere detener las cosas buenas) y pueden tener tres papeles distintos en los hechizos con velas:

1. Como órdenes verbales similares a un conjuro.
2. Como el resultado físico de un método mágico cuyo objetivo es atraer la buena energía y mantener a raya la mala (semejante a la vela-amuleto, pero con un enfoque distinto).
3. Como una palabra o frase grabada en la propia vela.

Puesto que muchas personas quieren llevar consigo los encantamientos para recibir el mayor beneficio de ellos, podría ser una buena idea diseñar tus velas encantadas a partir de velas de cumpleaños, velas flotantes, u otras bujías pequeñas.

Vela encantada para la buena suerte

Para este encantamiento te sugiero que guardes una vela de tu pastel de cumpleaños o de alguna otra ocasión especial que tenga una asociación positiva para ti. La vela de cumpleaños en particular alberga todos los buenos sentimientos y deseos de los amigos y la familia, de modo que tiene toda la energía adecuada para ayudar a inspirar la buena suerte.

A continuación, coge un palillo y graba un emblema de la buena suerte en la vela, procurando que no se rompa. Una buena opción es la runa *Sowelu*, que tiene aspecto de rayo y representa las bendiciones y la fortuna del Sol. Frota un poco de tu colonia o perfume sobre esta imagen mientras te concentras en el objetivo de atraer la buena suerte. Si quieres puedes añadir un conjuro, como por ejemplo:

«Dondequiera que lleve esta vela, ¡la suerte me seguirá también! Cuando esta vela brille cerca de mí, sin duda, la buena suerte será mía!».

Envuelve la vela con una tela blanca para impedir que se rompa (pues rompería la magia) y llévala contigo habitualmente. ¡Enciéndela cuando necesites que la buena suerte venga con rapidez!

Fetiches

Los fetiches representan un tipo de poder contenido, cuya energía debe ser liberada en un momento específico, o para propósitos específicos. Las velas son excelentes fetiches porque se pueden encender en un momento concreto y utilizarse para un trabajo mágico o para varios trabajos interconectados. A mi modo de ver, sin embargo, para que una vela fetiche provoque una reacción emocional intensa y esté verdaderamente energizada debería ser fabricada por el practicante de magia. Esto creará una simpatía y una comprensión íntima con aquello que la vela representa en el momento que la energía sea requerida.

Talismanes

Los talismanes se crean durante momentos astrológicos auspiciosos y se energizan con palabras de poder. Estas palabras de poder saturan el talismán con una energía continua, o actúan como una frase de mando que activa la fuerza del talismán cuando más se necesita. De modo que puedes crear velas talismánicas cuya energía se encienda con la llama y un «código» de palabras específico, preestablecido, que también represente tu necesidad u objetivo.

Incluso con todas las opciones presentadas en este capítulo, apenas nos hemos acercado a la superficie del arte multifacético de la magia con velas en todas sus formas. Porque donde hay un hechizo, a menudo hay adivinación. Donde hay adivinación, suele haber una oración. Donde hay una oración, hay una introspección silenciosa. Todas estas cosas están interconectadas de algún modo, como la magia que les da poder.

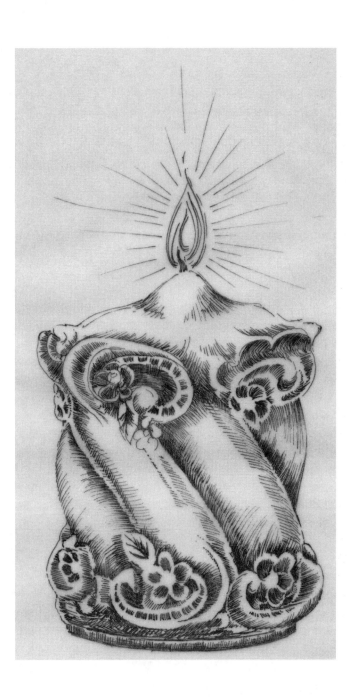

4   Oraciones y meditaciones

El acto mismo de encender una vela es una oración:
mi pequeño círculo de luz es una oración.
HERMANO DAVID STEINDL-RAST
Gratefulness, the Heart of Prayer

El budismo ofrece un modelo muy bueno para el uso de velas como parte de la oración o la meditación. En él, una vela representa la luz que hay dentro de cada persona y la capacidad del Yo Superior de guiar a cada alma de la oscuridad hacia la iluminación. Además, el hecho de encender la vela es un acto lleno de propósito. Detrás de él están el pensamiento y la voluntad. De modo que, cuando la vela se enciende, la concentración está puesta verdaderamente en encender nuestro ser interior y motivar esa magia especial que cada uno de nosotros tiene a su disposición. En efecto, lo importante no es el acto en sí mismo, sino la intención.

Encender una vela para la meditación y la oración no es algo que se haga tanto por el Espíritu como por nosotros mismos. Representa el deseo de encender algo en nuestro interior y de dejar atrás lo mundano sólo por unos momentos. Y cuando se hace repetidamente en cualquiera de los dos contextos, el acto de encender la vela, en sí mismo, se convierte en un miniritual que coloca nuestra mente y nuestro espíritu en el marco idóneo para lo que nos espera.

Oraciones a la luz de las velas

Creo que mucha gente rechaza la idea de rezar. Nos recuerda esos días incómodos en la escuela dominical o en la iglesia, moviéndonos inquietos en nuestros asientos y recitando palabras que no comprendíamos (¡y si no lo hacíamos nos regañaban!). Incluso para quienes tienen mejores recuerdos de las oraciones de la infancia, al parecer hay una parte del ser humano que se siente incómoda hablando con el Espíritu. Pero esto no tiene por qué ser así.

Rezar es abrirte al Espíritu con verdad y simplicidad. Es una manera de conectar y mantenernos conectados con nuestra naturaleza espiritual. La oración también puede convertirse en un tipo de actitud que no tiene un marco temporal específico. Una persona que reza es respetuosa y consciente, y lleva su naturaleza profunda a la vida cotidiana. Y lo que es mejor aún: a diferencia de algunos métodos mágicos, la oración es una técnica que puedes utilizar en cualquier lugar, en cualquier momento, sin necesidad de utensilios. ¡Lo único que necesitas es a ti mismo!

Dicho esto, las velas nos ayudan en la oración de muchas maneras. Para aquellas personas a las que les cuesta alejar sus mentes de las cosas cotidianas, la vela es un buen punto de concentración. La suavidad de la luz es un cambio dramático de las duras luces fluorescentes y otras cosas mundanas. Al sentarte delante de una vela en una habitación ligeramente iluminada, descubrirás que muchas de tus tensiones y nervios desaparecen con bastante naturalidad y que tu actitud cambia. Esto, a su vez, facilita la oración.

En segundo lugar, la oración es (en cierto modo) una especie de conjuro o invocación. De manera que cuando durante la oración se enciende una vela, representa un deseo que es entregado al universo. Representa tanto a tu oración como al Espíritu, a quien está dirigida la oración.

En tercer lugar, las velas tienen otro valor simbólico para la oración. Encendemos una vela, por ejemplo, para representar a una persona necesitada, o a un espíritu que ha pasado al más allá, con la esperanza de llevarle ayuda o paz. Esto ha sido una costumbre en las iglesias desde hace cientos de años y, por supuesto, no hay ningún motivo para que no se pueda trasladar a la iglesia de nuestros hogares y de nuestros corazones.

Oración efectiva

La siguiente pregunta obvia que formulan muchas personas es: «Muy bien, entonces, ¿cómo debo rezar?». Voy a explicar en términos generales un proceso básico y a ofrecer algunos ejemplos, pero has de saber que mi enfoque de la oración y lo que funciona para ti pueden ser dos cosas muy distintas. Confía en tu instinto (en todos los asuntos espirituales) por encima de lo que leas en cualquier libro.

1. ELIGE UNA VELA. Una vela blanca sencilla es lo tradicional cuando uno quiere simbolizar al Espíritu. Si estás rezando para otra persona, podrías poner una segunda vela de su color favorito. Si estás rezando para algo muy personal, podrías elegir una segunda vela de un color que represente tu objetivo.

2. PREPARA LA(S) VELA(S). Si quieres grabarla, ungirla con aceite o simplemente bendecirla antes de empezar, hazlo. Muchas diosas, por ejemplo, tienen una rosa como flor sagrada. Si esto se aplica a la diosa que tú sigues, sería bonito que ungieras un poquito de aceite de rosas en tu vela blanca para honrarla. Nota: como ocurre con los hechizos, cada uno de estos pasos define tu plegaria en tu propia mente antes de enviársela al Espíritu.

3. PREPÁRATE. Relájate en algún lugar en el que tengas privacidad y que aquiete tu mente. Recuerda: el Espíritu habla en los momentos de quietud y silencio del alma.

4. Enciende la vela al iniciar la oración o durante la misma, en un momento que te parezca adecuado. Volviendo a nuestro ejemplo de rezar para alguien, tiene sentido encender la vela de dicha persona al pronunciar su nombre. Esto crea una conexión más fuerte de simpatía entre el individuo y la vela.

5. Reza sinceramente, con las palabras con las que te sientas cómodo. No es el momento de preocuparse por utilizar un castellano perfecto. Créeme, el Espíritu no corregirá la ortografía o la gramática. Simplemente, sé tú mismo, o tú misma.

6. Ten esperanza y confianza; sé humilde y razonable. Sócrates dijo que «Dios sabe lo que nos conviene», y a veces eso que nos conviene no es lo que creemos que debería ser.

7. Sé agradecido. Ésta es una de las partes que más se pasa por alto en prácticamente todos los procesos espirituales que conozco. La gente formula hechizos, reza y luego se olvida de dar las gracias cuando la energía se manifiesta. No escupas, en sentido figurativo, en los regalos del universo cuando lleguen: ello produce un karma realmente malo y no inspirará una manifestación rápida de tus peticiones futuras.

Posiblemente te estarás preguntando sobre qué deberías rezar. Hay oraciones de agradecimiento, de adoración, de invocación y de reconocimiento. La oración de agradecimiento es bastante directa. Simplemente, muestra gratitud a los poderes por la vida, por la salud o por la respuesta a un deseo. Las oraciones de adoración honran al Padre Sagrado y nos ayudan a comprender la importancia de ese Ser en nuestras vidas. Las oraciones de invocación actúan como una invitación para que la presencia divina comparta tu lugar sagrado, y las de reconocimiento son aquellas en las que reconocemos y aceptamos ciertas lecciones, fallos y éxitos en nuestra vida espiritual. ¿De qué hablas con tus mejores amigos, o de qué te gustaría poder hablar con ellos? El Espíritu sabe escuchar y la plegaria es otra forma de comunicación.

Creatividad

En la antigua tradición popular griega, las musas eran diosas que gobernaban varias áreas de la creatividad. Si sigues un camino de estilo griego, éstos serían los seres ideales a los que dirigir una oración para la creatividad. En cuanto a las opciones de colores, el amarillo suele considerarse un tono inventivo. Una buena elección para ungir la vela sería el vino, el aceite de pimienta inglesa o el aceite de loto. Nota: podrías llevar tu arte a esta sesión de plegaria, ya que las personas suelen descubrir que, después, las ideas les llegan con bastante rapidez.

Enciende la vela del Espíritu, diciendo:

Espíritu del arte y la inspiración: acudo a ti.
Mi visión parece estar limitada
y carezco de originalidad.
Libérame de los modos de ser y de pensar antiguos,
pasados de moda.
Renueva mi espíritu y mi alma.

Incluso mientras enciendo esta vela
(enciende la vela), haz que el ingenio
arda en mi interior.
Lléname de ideas y luego deja que salgan
a través de mi (tipo de trabajo o de arte).
Para el bien de todos, y para que nadie
sea perjudicado, ¡que empiece hoy mismo!

Después de esta oración, es una buena idea sentarse en silencio, a la luz de las dos velas, y meditar. Elimina de tu mente

e no sea el Espíritu y tú, y deja que esa conexión
r te proporcionen el pedal de arranque que necesitas.

La __ es un componente integral de todas las religiones y de nuestra magia. Si no confiamos en lo que hacemos, nuestros actos carecen de sentido y de poder. Aún así, hay muchas situaciones que llevan a nuestra fe hasta el límite; hay ocasiones en las que descubrimos que nuestra confianza está menguando. ese es el momento prefecto para recurrir al Espíritu y rezarle para pedir fe y esperanza.

El color de la fe es el blanco plateado (para mí, en todo caso), porque implica pureza. Los otros colores alternativos utilizados para temas de devoción incluyen el amarillo pálido y el naranja. Un buen ungüento para tu vela es el aceite de menta, de limón o de naranja.

Enciende una vela grande de pilar o una vela que venga en un recipiente y relaja tu mente y tu corazón. Ábrete al fluir del Espíritu y recita la siguiente oración:

> *Gran Espíritu, siento que tengo dudas. Mis cimientos están temblando; mi camino se ha vuelto rocoso. Sé que hay momentos en la vida de toda alma en los que llegan las pruebas. Si ésta es una prueba, ayúdame a aceptarla y dame la fuerza interior para resistir. Si no lo es, aleja las energías negativas que están minando mi espíritu. He llegado a un momento de crisis y necesito encontrar ese último rescoldo de fe y confianza al que agarrarme hasta que las cosas cambien. Haz que brille una luz en ese rescoldo; dale un mayor resplandor para que ilumine mi camino en este período de oscuridad. Gracias.*

Deja que la vela arda libremente, pues representa la llama de la fe que arde dentro de cada alma, incluso cuando nos cuesta verla o percibirla.

Unidad familiar

Todas las familias tienen sus problemas y sus presiones. Esto puede llegar a afectar a los cimientos de la armonía familiar, si esa base no es renovada continuamente.

A mi modo de ver, el mejor momento para rezar por la unidad familiar es a la hora de cenar, estando sentados a la mesa, todos reunidos. Esto no tiene que ocurrir todos los días, pero os recomiendo que lo hagáis una vez por semana. En cuanto a la vela, todos deberían ayudar a crear una vela del hogar. Para hacerlo, derrite la cera y haz que cada persona le añada un ingrediente significativo que represente su deseo para la familia. De esta forma, una vela del hogar correctamente fabricada representa a cada persona (y animal doméstico) que vive bajo tu techo y, además, representa el espíritu de toda la casa.

Colocad esta vela sobre la mesa en el punto central (esto proporciona equilibrio). Encendedla y tomaos de las manos, diciendo al unísono:

> *Guíanos y protégenos,*
> *sostennos y sánanos,*
> *fortalécenos y anímanos.*
> *Mantén unida a la familia*
> *en el vínculo del amor.*
> *Que así sea.*

Deja que la vela arda durante la cena y luego guárdala para otra ocasión.

Humor

La risa es una gran medicina y un mecanismo aún mejor para hacer frente a los asuntos. Conservar el sentido del humor es una buena condición de trabajo que puede hacer que muchos días difíciles parezcan mucho más fáciles.

Para esta oración, te sugiero que elijas una vela que te haga reír por su forma o su color, o por cualquier otro motivo. Graba una gran sonrisa en su superficie usando una pluma, para hacer cosquillas simbólicamente a tu fantasía. Enciéndela al iniciar la oración y di algo así:

> *Espíritu de la musa, de la risa y de la luz, por favor, tráeme risas y sonrisas, y lléname de alegría hasta rebosar. Permíteme ver el humor incluso en los momentos más difíciles, y que la fuerza de la risa me acompañe en mi camino.*

Lleva la vela a la sala de estar, ¡y mira una buena comedia!

Amor

Los seres humanos no somos criaturas solitarias. No sobrevivimos de forma sana sin experiencias emocionales positivas. Y de todas las emociones buenas, el amor es la más poderosa como herramienta de apoyo y de transformación. Además, es una de las fuerzas directoras de la magia. Una oración para el amor no es algo egoísta, ¡es necesaria!

Los colores del amor varían. El rosa es un amor dulce, amistoso, y el rojo es un amor más intenso y apasionado. Elige el tono de acuerdo con ello. Para el aroma, el de rosas es el que más se ha asociado al amor en todas sus formas durante siglos. Esta fuerte asociación le dará a tu oración un impulso energético importante.

Toma la vela elegida y graba un corazón en su superficie, aproximadamente en el punto medio. Colócala en el candelabro, enciéndela y di:

> *Dioses y diosas del amor, escuchad mi petición. He caminado en solitario durante mucho tiempo y me siento solo/a. Necesito* _____ (rellena esto con un tipo de amor específico, ya sea amistad, un amante, o lo que quieras) *en mi vida. Necesito que alguien me necesite.*
>
> *Mi objetivo no es manipular a otra persona, ni aferrarme a ella únicamente porque he estado solo/a.*

En lugar de eso, quiero construir una unión basada en la confianza, la honestidad y la comprensión espiritual. Ayúdame a atraer a la persona adecuada para mí, para el mayor bien. Que así sea.

Deja que la vela continúe ardiendo hasta que el corazón se consuma y luego apágala, dejando que el humo producido lleve tus deseos hasta los cielos.

Protección

De lejos, uno de los usos más comunes de las velas a lo largo de la historia ha sido como símbolo de seguridad, ya que éstas traían luz a la noche. Resulta muy adecuado, por lo tanto, utilizar una vela cuando uno reza pidiendo protección. El color tradicional para la protección es el blanco, y los aromas asociados a ella son abundantes. Las opciones incluyen el cedro, el clavo, el incienso, la lila, el loto, la frambuesa y la violeta.

Si lo deseas, puedes comprobar si alguno de estos aromas protectores (u otros) tienen una función específica. El cedro, por ejemplo, suele utilizarse para salvaguardar la salud. Y aunque la salud puede ser literal (física), el concepto también podría extenderse para salvaguardar la salud de una relación.

También sugiero que traigas una representación de la persona, situación, animal doméstico o cosa que estés intentando proteger. Esto te proporcionará un punto focal. Coloca el objeto debajo o cerca de la vela, para que se beneficie el máximo posible de la energía resultante. Deja la vela apagada hasta que nombres a la persona o situación en tu plegaria, que podría ser algo así:

(Nombre de tu dios o diosa personal) *cuida de* ____.
(enciende la vela). *Que la luz del Espíritu lo/la rodee y proteja dondequiera que vaya. Guía sus pasos, alé-*

jalo/a del peligro, y que nunca pase necesidades. Concede paz y armonía al espíritu de ____, permite que la comprensión llene su mente y lleva la curación a su cuerpo. Mientras estemos separados, haz que tu seguridad y mi amor lo/la abracen y cuiden de él/ella. Que así sea.

Los espíritus de los muertos

Es bastante habitual que la gente encienda velas por una persona que ha fallecido. Los motivos para hacerlo varían. En algunos casos, se trata de una oración para que su espíritu encuentre el descanso. En otros casos actúa como una especie de conmemoración del muerto, en concreto en el día de su nacimiento o de su muerte. En otros escenarios, la vela es como una invocación para que ese espíritu venga y se comunique con los vivos. En cualquier caso, la oración debería reflejar el propósito.

A menudo se utilizan velas blancas o rojas para todas estas funciones, pues el blanco representa al espíritu y el rojo la cualidad de vida eterna del alma. Como alternativa, se puede elegir un color que haya sido el favorito de la persona cuando vivía. Asimismo, el aroma elegido suele ser el perfume o la colonia que solía utilizar.

Un dato interesante

> Muchas de las personas que sienten que han experimentado la presencia de un fantasma dicen que la primera señal fue un aroma que flotaba por la habitación. En ocasiones, el aroma era de flores, ¡pero con frecuencia se trataba del perfume o la colonia de la persona muerta!

Esta oración es apropiada para la invocación:

Gran Espíritu, que ves el pasado y el presente, Señor del velo entre los mundos, yo te imploro. Haz que

venga el espíritu de _____ hasta la frontera de nues-
tro reino humano en este día. Permite que él/ella par-
ticipe de este espacio sagrado, para que ____ (aquí,
especifica el propósito. Para las personas que tienen
asuntos pendientes, ésta es una buena oportunidad
para cerrar algunas heridas no curadas o para despe-
dirse adecuadamente. En otras ocasiones, como en el
caso de una boda, es una oportunidad para que los
antepasados se regocijen con nuestra felicidad). *No*
obstante, si el espíritu ha pasado a una nueva vida,
envíale mi amor y mis buenos deseos, con mi agrade-
cimiento y el deseo de no hacerle ningún mal. Que
así sea.

Siéntate a la luz de la vela durante unos momentos, en un
marco mental meditativo. Si va a venir algún espíritu, puede
hacerlo entonces, en la seguridad de un espacio sagrado, o
más adelante, en un sueño.

Trabajo

El empleo es muy importante para nuestro bienestar general.
Nos proporciona una seguridad económica y una sensación
de logro. Cuando hay problemas con una situación laboral,
o cuando uno no consigue encontrar trabajo, el estrés resultante crea todo tipo de contratiempos, en cuyo caso una
intervención divina no le haría daño a nadie.

El color para las velas orientadas al trabajo puede ser el
verde o el dorado (para el dinero) o quizá el marrón (para
representar unas bases sólidas). Se puede grabar en esta vela
un emblema que represente tu profesión: en mi caso sería
una pluma estilográfica, para un carpintero podría ser un
martillo o un clavo, y así sucesivamente.

Enciende la vela al iniciar la plegaria, diciendo:

Esta luz es mi esperanza de que vendrán días me-
jores. Permite que el estrés asociado a _____ (des-

cribe tu situación en detalle) *disminuya. Que la negatividad asociada a esta situación quede enterrada en el pasado. Ayúdame a recuperar la seguridad en mí mismo/a en lo profesional, para que pueda aplicarme de una forma más eficaz en mi trabajo.*

Ayúdame también a crecer en mi profesión, para que no me estanque mental o físicamente. Te doy las gracias por la providencia que este empleo nos ha dado a mi familia y a mí hasta el momento, y te pido que este trabajo, o algo igualmente adecuado a mis habilidades, continúe cuidando de nosotros. Que la prosperidad y la paz reinen en el trabajo y en casa. Que así sea.

Deja que esta vela arda hasta llegar a la imagen grabada, luego guarda el resto para otra oración, ritual o hechizo relacionado con el trabajo.

Meditaciones con velas

He hablado en cierto momento acerca de cómo la luz de la vela parece modificar la manera en que nos sentimos y reaccionamos. Y aunque la mayoría de la gente medita con los ojos cerrados, comenzar una meditación concentrándote en una vela realmente puede ayudarte a establecer el tono para todo lo que vendrá después. Cuando encendemos una vela antes de la meditación, designamos el espacio como algo especial, algo sagrado. Dentro de la esfera de los rayos de la vela creamos una realidad en el ojo de nuestra mente que puede tener unos poderes transformadores verdaderamente asombrosos.

Una meditación eficaz

San Ambrosio, que vivió en el año 340 d. C., dijo muy sabiamente que «la meditación es el ojo con el que vemos a Dios». Pero la meditación es más que eso: es un tiempo importante que dedicamos a la introspección y a la integración. Es un tiempo en el que nos detenemos un momento y realmente pensamos en lo que es, lo que fue y lo que será. Mejor aún, meditar es relajarse, concentrarse y clarificarse. Pero no a todo el mundo le resulta fácil hacerlo. ¿Por qué?

Bueno, honestamente, los humanos tendemos a pensar en docenas de cosas a la vez. Mientras estamos haciendo la lista de la compra, podemos estar pensando también en la ropa por lavar, en nuestro presupuesto, en los niños, o en cualquier otra cosa. La meditación requiere que dejemos de correr durante unos momentos y aquietemos todos los demás pensamientos, excepto el tema que nos ocupa. De hecho, algunas prácticas meditativas intentan vaciar la mente de todo pensamiento para permitir que la persona se limite a ser. De modo que, si descubres que te sientes un poco inquieto ante la idea de meditar, no te preocupes, ¡no eres el único!

No obstante, estas pautas deberían ayudarte:

10 pasos para una meditación eficaz a la luz de la vela

1. Encuentra un lugar en el que tengas privacidad y no seas molestado por ninguna persona o animal doméstico, ni tengas otras interrupciones.
2. Asegúrate de que el lugar tenga un área cómoda para sentarte o acostarte (te sugiero que te sientes, para evitar quedarte dormido).
3. Ponte cómodo. No tienes que parecer una rosquilla para que la meditación funcione. De hecho, probablemente no funcionará si te sientes incómodo.
4. Enciende la vela que hayas escogido para representar el tema de tu meditación. (Al igual que ocurría con las oraciones, el color, el aroma y lo grabado en la vela pueden simbolizar tus objetivos.)

5. Contempla la vela y simplemente disfruta observándola durante unos minutos. Estira el cuello. Menéate. Modifica tu postura hasta que te sientas completamente cómodo.
6. Empieza a respirar a un ritmo lento y uniforme. Esto ayuda a aliviar la tensión para que puedas concentrar tu mente con mayor facilidad.
7. Continúa mirando en dirección a la vela, pero no fijes la mirada en ella. Deja que todo lo que hay a tu alrededor se vuelva borroso. En algún momento, tus ojos se cerrarán de una manera natural.
8. Visualiza en tu mente a la vela todavía ardiendo. Su resplandor te rodea y te protege en estos momentos de quietud. Has de saber que estará ahí incluso cuando tu visualización/meditación te lleve a otra parte.
9. Comienza la visualización/meditación propiamente dicha (a continuación, se ofrecerán ejemplos).
10. Toma notas de tus sentimientos, de cualquier imagen que te venga a la mente y de otros aspectos de tu experiencia. Te resultarán útiles más adelante, cuando crees otras meditaciones para ti.

Expectativas vs. realidad

Nadie se convierte en un experto en meditación de la noche a la mañana. Esto toma tiempo y requiere práctica. Es mejor comenzar poco a poco. Simplemente intenta permanecer sentado en silencio durante cinco minutos. Créeme, ¡para la mayoría de la gente esto ya es bastante difícil! A medida que vayas mejorando, empieza a aumentar el tiempo de meditación, hasta llegar a un total de 20 o 30 minutos, para obtener el mayor beneficio.

Además, intenta no realizar ninguna meditación con expectativas previas. Por ejemplo, la gente que usa la meditación como una manera de encontrar un tótem o guía animal (esto se comentará más adelante, en este capítulo) no debería esperar que aparezca ningún animal en particular. Esto podría torcer la experiencia e incluso podría alejar a la criatura «adecuada» porque haría que ésta sienta que no es bienvenida. De igual modo, alguien que utiliza una meditación para ponerse en contacto con un fantasma o un espíritu y espera una determinada respuesta, podría llegar a crear mentalmente dicha respuesta. Por lo tanto, liberarnos de nuestras expectativas aumenta la fiabilidad de nuestras experiencias.

Notarás que estas meditaciones no se limitan a indicar a la persona que se siente y piense. He añadido imágenes (visualización) y, en ocasiones, algo para recitar, para aumentar las señales sensoriales que recibirás. Aparte de esto, puedes poner una música suave y quemar incienso si encuentras que los sonidos o los aromas te ayudan a concentrar más tu espíritu en la tarea que te ocupa.

Tótems y guías animales

Meditar para encontrar un tótem o espíritu guía es algo que encontramos en las tradiciones chamánicas. Los practicantes de magia han adoptado esta idea porque la mayoría de nosotros siente una gran afinidad con el mundo natural y reconoce los beneficios de conectar con guías animales. Verás, la esencia espiritual de varias criaturas suele llegar a una persona cuando más se necesitan los atributos del animal. Por otro lado, éste puede representar un aspecto importante de la personalidad de un individuo. En ambos casos, este ser puede convertirse en un gran ayudante mágico, del cual recibirás buenas revelaciones y lecciones.

Esta meditación con vela está diseñada para ayudarte a descubrir a un guía animal del cual quizá no seas consciente, o para conectar mejor con uno que ya se te ha aparecido. Te sugiero que utilices colores de la naturaleza (verde oscuro o marrón) para la vela, y aromas que también hagan que sientas que estás en un entorno natural (pino, trébol, etc.). Mejor aún: si puedes realizar esta meditación en un lugar alejado, los resultados probablemente serán mejores.

Enciende la vela y ponte cómodo. Respira profunda y uniformemente y contempla la llama de la vela. Deja que su luz llegue a ti y te abrace. Permite que sea parte de tu aura y de lo que te rodea. Sabrás que lo has hecho bien si empiezas a sentir una mayor calidez. Esta luz actúa como una esfera protectora para la meditación.

Cuando te sientas centrado y relajado, cierra los ojos. En tu imaginación, visualiza la luz de la vela resplandeciendo todavía. Háblale con susurros a la energía de esta luz, contándole tu deseo de encontrarte con uno de tus animales guía. Utiliza palabras con las que te sientas a gusto (como si de una invocación u oración se tratara).

Deja que la visión de la luz empiece a girar y a dar vueltas hasta que empiecen a aparecer imágenes. La imagen será de algún lugar en la naturaleza (puede ser el mar, un bosque, un desierto o cualquier zona en la que el espíritu animal se sienta cómodo). Repite tu petición una vez más. No es necesario que lo hagas en voz alta. De cualquier modo, la mayoría de espíritus animales se comunica por empatía o telepáticamente.

Permanece en este estado meditativo durante un rato y espera pacientemente. Si no aparece ningún animal, es posible que lo haga más tarde en un sueño (es cuando la mayoría de las personas están más receptivas a la comunicación espiritual). Si aparece alguno, presta atención a: a) qué animal es y b) qué hace. Anótalo en algún sitio, pues más adelante querrás recordarlo y estudiarlo en busca de revelaciones.

A veces la criatura transmite un mensaje, e incluso es posible que te diga su nombre. Una vez más, recuerda esas cosas. Incluso si en ese momento te parece que no tienen sentido, es posible que lo tenga más adelante (quizá dentro de meses o años).

En algún punto, el animal simplemente se marchará. Esto indica el fin del tiempo que habéis pasado juntos, pero siempre puedes volver. El animal puede venir, o no, cada vez que hagas esta meditación, pero ya has establecido un punto de encuentro y la comunicación no se romperá fácilmente.

Limpieza y purificación

En esos momentos en los que no tienes salvia ni cedro para pasarlos por tu aura, cuando no puedes darte un baño relajante de hierbas y la única herramienta que tienes es una vela, ¡no temas! Sigue siendo un implemento perfectamente adecuado para utilizar en una meditación de purificación. De hecho, el elemento fuego está asociado a la limpieza. Lo único que harás es aplicar esta asociación de una forma un poco más personal.

El blanco es el color de la pureza. Los aromas relacionados con la limpieza y la purificación incluyen el incienso, la mirra, el laurel, el limón y la menta. Si estás pensando en realizar esta meditación en un momento especial, trabaja durante la Luna oscura, pues es el momento tradicional para eliminar cosas de nuestras vidas (en este caso, las energías no deseadas).

Empieza, como antes, encendiendo la vela y poniéndote cómodo. Deja que la luz cálida de la vela penetre en tu aura. Observa cómo se expande lentamente desde la pequeña llama que tienes delante hasta un resplandor que se extiende y abarca toda la habitación. Cuando tengas esta imagen establecida con claridad en tu mente, cierra los ojos.

Continúa con las imágenes, pero ahora añádeles otra dimensión adicional. Visualiza la luz de la vela chispeando a tu alrededor, como si hubiera diminutas luciérnagas por todas partes. Estas pequeñas partículas de luz se mueven hacia tu ser mientas inspiras. Parten del aire en tus pulmones, viajan por la sangre hasta cada célula de tu cuerpo, recogiendo la negatividad y limpiando todo a su paso. Después de unos momentos, cuando espiras, vuelven a salir, pero ahora ya no son luminosas y brillantes, sino marrones. Deja que caigan a la Tierra para ser absorbidas.

Repite este proceso de inspirar fuego purificador y espirar suciedad hasta que la luz que sale sea tan resplandeciente como la que entra. Esto significará que has conseguido todo lo posible en una sola sentada. Deja que tu respiración vuelva a la normalidad. Abre los ojos, toma notas de tu experiencia y apaga la vela. Tenla a mano para otra meditación de limpieza u otro hechizo de purificación/destierro.

El trabajo con los sueños

Los sueños son sumamente importantes para la naturaleza psicológica del ser humano. Además, pueden ser un vehículo a través del cual los fantasmas, nuestro Yo Superior y el Espíritu pueden hablar con nosotros. ¿Por qué los sueños? Porque cuando dormimos, nuestras mentes no están ocupadas con tantas cosas. Bajamos el ritmo, hay silencio y, por lo tanto, estamos más abiertos a una comunicación sutil.

El color que tú asocias a los sueños puede ser algo bastante personal (el trabajo con los sueños, por su naturaleza, es subjetivo). Por alguna razón, yo siempre los imagino de color azul pálido. Los aromas asociados a la inspiración de sueños incluyen los de jazmín, de rosas y de caléndula. Otras entradas sensuales que te pueden ayudar son poner música (con cascabeles u otros sonidos que te ayuden a centrarte) y tumbarte en una superficie cómoda y blanda. Esta es una meditación en la que no importa si te quedas dormido, siempre y cuando coloques la vela en un sitio a prueba de incendios.

Lleva un cuaderno y un bolígrafo, o una grabadora, al lugar en el que piensas realizar esta meditación, para que puedas registrar los resultados inmediatamente después de despertar. Enciende la vela y túmbate. Asegúrate de que puedes ver la vela fácilmente desde donde estás. Algo que ayuda es bajar las luces de la habitación, así como trabajar de noche y/o cuando hay Luna llena, pues representa la inspiración.

Mientras miras en dirección a la vela, repite esto en voz baja:

> *Yo soy la luz.*
> *La luz está en mi interior,*
> *la luz despierta mis sueños.*
> *Que empiece la magia.*

Al recitarlo, tal vez notes que tiendes a comenzar en voz baja, luego a subir el volumen y más adelante a volver a bajarlo. Esto es normal. Es una manera de elevar la energía, de modo que, si te ocurre, no reprimas ese instinto.

Sigue contemplando la vela, respirando uniformemente y repitiendo esas palabras hasta que sientas que te estás dejando llevar. Relájate por completo. Entrégate al sueño sagrado. Cuando despiertes, escribe enseguida cualquier cosa que puedas recordar. Los sueños pueden desaparecer rápidamente en las horas de vigilia, de modo que, ¡no esperes! Podrás preocuparte por su significado más adelante. Piensa en todos los detalles que puedas: colores, olores, personas, imágenes que se repiten, etc. Luego, cuando el tiempo lo permita, busca información en una buena guía de interpretación de sueños.

Aumento de energía

No sé tú, pero hay días en los que yo me siento totalmente «descargada», como si mi batería estuviera muerta. La meditación puede aliviar esta sensación de agotamiento y, además, ayudarte a volver a conectar con la energía vital que está a tu alrededor todos los días.

Para esta meditación te recomiendo que te rodees de velas. Puedes poner una en cada uno de los puntos cardinales (Norte, Sur, Este y Oeste), o en un círculo a tu alrededor. El color de la energía suele ser el rojo, pero si eliges una configuración con puntos cardinales puedes usar velas con los colores elementales. Estos son: azul para el Oeste/Agua, verde o marrón para el Norte/Tierra, amarillo para el Este/Aire y rojo o naranja para el Sur/Fuego. Ambas opciones crean un espacio sagrado semiformal para la meditación, especialmente cuando van acompañadas de la expresión del propósito en palabras. He aquí algunos ejemplos de invocaciones para ambas opciones de configuración de las velas:

Elemental: Enciende la vela asociada a cada elemento al llegar al verso que lo honra.

> *Doy la bienvenida al Aire y a su energía creativa.*
> *Doy la bienvenida al Fuego y a su energía apasionada.*
> *Doy la bienvenida al Agua y a su energía sanadora.*
> *Doy la bienvenida a la Tierra y a su energía motivadora.*
> *Yo con ellos; ellos en mí.*
> *Y así será.*

En círculo: Enciende las velas avanzando en el sentido de las agujas del reloj, repitiendo la invocación tantas veces como sea necesario mientras das la vuelta a todo el circuito.

> *El círculo está alrededor, encima y debajo.*
> *Y donde él mora, la magia y el poder crecen.*
> *Destierra la fatiga y la apatía,*
> *¡y reemplázalas con abundante energía!*

Al final de cualquiera de estos conjuros, siéntate en medio de las velas y relájate. Extiende tus sentidos para poder sentir el calor y el poder de las velas en la frontera de tu percepción. Sabrás que estás haciendo esta meditación correctamente cuando empieces a sentir un poco de calor (¡el calor proviene de la energía!). Deja que la energía llene tu aura hasta que sientas como si estuvieras a punto de explotar, y luego regresa a tu nivel de conciencia normal.

Deja las velas ardiendo un rato más para que apoyen la meditación, o apágalas en orden inverso desde el punto donde comenzaste a encenderlas, para liberar el espacio sagrado.

Protección

La luz en la oscuridad; la luz que destierra las sombras; la luz que asociamos con la seguridad de lo sagrado: la vela encarna este simbolismo. Piensa en la calabaza de Halloween. La luz que brilla en su interior es una vela, y su propósito es protegernos de los espíritus maliciosos o traviesos. Bueno, ¿y qué me dices de la luz que brilla en el interior de cada uno de nosotros? ¿Acaso la meditación con una vela no podría activar el mismo tipo de poder protector? ¡Por supuesto que sí!

Tradicionalmente, el color de la protección es el blanco. Los aromas dependen del ámbito específico de los problemas. Algunos aromas protectores generales incluyen la violeta y la mirra. Usa una vela grande de pilar para esta meditación y enciéndela al comenzar.

Siéntate delante de la vela y absorbe su calor. Mira en dirección a ella hasta que sepas que puedes ver la luz que se extiende desde la vela en el ojo de tu mente (no la llama, sino el resplandor). En ese momento, cierra los ojos y continúa respirando profundamente. Visualiza que el resplandor empieza a formar un caparazón alrededor de ti. Asegúrate de que la luz se extiende también por debajo de tus pies y por encima de tu cabeza en una esfera tridimensional. Cuando la esfera esté completamente formada, probablemente te sentirás un poco distinto (apartado) y la habitación te parecerá aún más silenciosa.

Puedes llevar esta esfera contigo a dondequiera que vayas (¡puede rodar!). No es necesario que la hagas desvanecer al final de la meditación. Y también puedes crearla en tu mente en cualquier momento, con o sin velas para ayudar al proceso.

Como puedes ver, el potencial para el uso de velas en la oración y la meditación es ilimitado. Las velas son unas compañeras maravillosas que no necesitan una invitación para venir a ayudarte en tu magia.

5   Los rituales

El cardenal se levantó con una expresión grave y exigió
que le trajeran su vela, su campana y su libro.
RICHARD HARRIS ABRAHAM, *The Jackdaw of Rheims*

Cualquiera que haya estado en una iglesia está familiarizado
con la costumbre de encender velas por diversos motivos. Y
aunque el valor simbólico de encender una vela en la tradición cristiana es un poco distinto al de la Wicca, hay algunos puntos en común que vale la pena explorar. ¿Por qué?
Porque nos hablan de verdades subyacentes que pueden
aportar más poder y valor simbólico a nuestros rituales.

Un escritor del siglo XV llamado Simeón de Tesalónica
dijo que la cera pura, cuando era encendida, representaba un
corazón puro. Para él, ofrecer una vela simbolizaba el deseo
de una persona de volver a conectar con el Divino.
Asimismo, en la Wicca, a menudo se utilizan velas blancas
para representar el Espíritu puro o las intenciones puras (por
ejemplo, en un ritual de boda), y la llama de la vela se suele
utilizar para propósitos meditativos y para volver a conectar
con el Divino. En el catolicismo se encienden velas como
una oración por los muertos, o cuando la salud de un ser querido está flaqueando. En la Wicca, a menudo incluimos una
vela para honrar a nuestros antepasados, y utilizamos velas
de colores o aromas específicos en los hechizos y rituales

para la salud. Podría seguir, pero creo que ya has captado la idea. Dicho de una forma sencilla: las velas han sido y son una parte importante de los rituales religiosos.

Los colores de la magia

Centrándonos más específicamente en las tradiciones neopaganas y mágicas, a menudo, el color de la vela es casi tan importante como la propia vela en la idea del ritual. Ya hemos comentado las aplicaciones del color en los hechizos, las oraciones y las meditaciones pero, puesto que he percibido algunos cambios menores en el simbolismo del color para el ritual, he querido incluir otra lista aquí. Ten en cuenta, sin embargo, que a veces las asociaciones cambian, dependiendo de la propia cultura. He incluido aquí los significados más comunes como punto de partida:

Colores de velas para rituales

Azul	El cuarto occidental de un círculo. Representa el agua, la serenidad, la alegría y la intuición.
Marrón	Anclarse, buenas bases, magia de la tierra (un color alternativo para el cuarto septentrional). Rituales de invierno.
Dorado	El Sol, el aspecto masculino, poder, liderazgo (colores alternativos son el amarillo o el rojo).
Verde	El cuarto septentrional de un círculo, representa la Tierra, el crecimiento, los cimientos y los ciclos. Rituales de primavera.
Naranja	Victoria, hospitalidad, calidez emocional. Rituales de otoño.
Rosa	Bienestar, devoción, amistad.
Morado	Espiritualidad, liderazgo, psiquismo.

Rojo	El cuarto meridional de un círculo, representa el fuego, la energía, la pasión y la transformación dramática. Rituales de verano.
Blanco	El espíritu, la pureza, la Luna, la sinceridad, la diosa. Considerado un color para cualquier propósito cuando no hay otras velas disponibles. Un color alternativo es el plateado.
Amarillo	El cuarto oriental de un círculo, representa el aire, la comunicación, la adivinación, la mente y el movimiento.

Para aumentar el valor simbólico, combina el color de la vela con un aroma, ya sea quemando incienso o ungiendo la vela. Algunas buenas combinaciones son:

El aroma de los colores

Negro	Clavo, enebro, incienso.
Azul	Lavanda, violeta, lila.
Marrón	Madreselva, pachulí, verbena.
Verde	Pino, vetiver, primavera.
Naranja	Melocotón, piña.
Rosa	Rosas, ámbar, limón.
Morado	Jazmín, tomillo, mirra, sándalo.
Rojo	Vainilla, rosas, pachulí.
Blanco	Sándalo, salvia, incienso y mirra (combinados).
Amarillo	Romero, anís, naranja.

Observa que estas combinaciones concuerdan únicamente con las vibraciones generales de los colores de la vela. Siempre que sea posible, deberías afinar, mezclar y combinar tus aromas para que concuerden con los objetivos específicos. Con este fin, te recomiendo que consigas un buen libro sobre hierbas. En particular, mi libro *Herbal*

Arts y el libro *Herbal Magick* de Paul Beyerl te podrían ayudar.

Los elementos del ritual eficaz

Los rituales son una manera formal de honrar lo sagrado, de conmemorar un momento especial y de crear un espacio sagrado para realizar nuestra magia. Sin embargo, muchas personas se sienten incómodas con el ritual y realmente no saben por dónde empezar. El primer paso consiste simplemente en aceptar el hecho de que muchas partes de tu vida ya son minirituales. Si sigues la misma rutina todos los días, si conduces tu coche por la misma ruta para ir al trabajo, si usas una taza específica para el té: todas esas cosas son rituales. La repetición de un acto proporciona bienestar y familiaridad, el mismo tipo de bienestar y familiaridad que nos gustaría conseguir algún día con nuestra magia.

El siguiente paso consiste en pensar en lo que se consigue con el ritual, en términos generales. El ritual es, finalmente, una manera de unir lo físico con lo metafísico y de realizar nuestra unión con lo sagrado; pero para que un ritual produzca ese tipo de realización, debe tener una estructura que aumente la energía, que se edifique sobre el diseño de la vida misma.

Entonces, ¿qué es, exactamente, una estructura ritual eficaz? Es una estructura que crea a partir de la nada, suave y sensiblemente, la magia adecuada para la tarea que nos ocupa. Para conseguir este objetivo, la mayoría de rituales sigue este tipo de modelo:

1. Reunir materiales (palabras, objetos pequeños, incienso, ropa, etc.) que acentúen el tema del ritual.
2. Consagrar estos materiales para la tarea a realizar.
3. Preparación personal (mental, física y espiritual).

4. Acudir al espacio en el que tendrá lugar el ritual y arreglarlo de manera que refleje dicho ritual.
5. Crear un espacio sagrado llamando a los puntos cardinales e invitando a lo sagrado a asistir (habrá muchos ejemplos de esto en este capítulo).
6. Incorporar todos los sentidos posibles al proceso del ritual mediante el uso de objetos pequeños y técnicas.
7. Crear un ritmo de movimiento, palabra y energía que pulse y vibre en los espíritus de todas las personas reunidas.
8. Liberar esa energía hacia su objetivo después de que haya alcanzado su punto más alto.
9. Anclar la energía residual y despedir al espacio sagrado (eso proporciona un cierre).
10. Integrar la experiencia. Para consultas futuras, resulta útil tomar notas de lo que nos hizo sentir bien.

Analicemos cada uno de estos puntos brevemente. El punto 1 es necesario porque, de lo contrario, el ritual sería interrumpido por la necesidad de ir a buscar un componente. Cuando elijas estas cosas, intenta tener una para estimular cada uno de los sentidos (punto 6), ya que cada elemento de estimulación sensorial mejora enormemente los resultados que se obtienen. Lo que es más importante aún es que el proceso de pensar y reunir elementos especiales para el ritual hace que tu mente se concentre y cargue dichos componentes con una energía buena. Esta energía, a su vez, facilita el proceso de consagración (punto 2), para que cada artículo que participa en el ritual vibre al mejor nivel posible para apoyar el trabajo.

Quizá el paso más importante sea la preparación personal. El ritual es un acto sagrado y uno debería aproximarse a él con un trabajo preparatorio adecuado. Esto no quiere decir que uno tenga que hacer que todo el proceso sea gris y deprimente, pero sí que uno debe pensar un poco en lo que está haciendo y por qué lo está haciendo.

A estas alturas, es apropiado realizar algún tipo de purificación. Algunas personas, por ejemplo, se abstienen de tener relaciones sexuales o de ingerir determinados alimentos antes del ritual. Otras se dan un baño ritual o pasan humo de salvia por su aura. Más allá de la purificación espiritual, también es una buena idea intentar comer alimentos naturales, descansar mucho y beber mucha agua el día antes del ritual. Esto limpia el cuerpo, despeja la mente y permite que la magia fluya por un canal libre de obstáculos.

Ahora es el momento de acudir al lugar en el que se celebrará el ritual, llevando contigo todas las cosas necesarias. Cuando llegues ahí, no entres dando brincos: entra caminando despacio, con una actitud de recogimiento. Organízalo todo meditativamente para que cada elemento esté en un lugar seguro, a tu alcance y en una ubicación adecuada a su función. Además, coloca los artículos en un sitio que acentúe su aplicación sensorial (por ejemplo, si tienes algo cuya función es estimular el tacto, tenlo cerca para poder tocarlo).

Para el punto 7, la creación de un espacio sagrado suele incluir algún tipo de invocación a los cuatro poderes elementales (Tierra, aire, fuego y agua). En la mayoría de rituales, esto se lleva a cabo dando la vuelta al círculo en el sentido de las agujas del reloj, y en el sentido contrario para la magia de destierro o disminución. También es habitual decir una oración al Espíritu o una afirmación del propósito. Al igual que ocurre con todas las fases del ritual, la invocación y la oración reflejan el tema del rito. Tómate tu tiempo, ya que ésta es, posiblemente, la parte más importante del ritual, pues separa lo mundano de lo metafísico para nosotros y lo hace en un espacio espiritual.

Dicho sea de paso, a aquellos de vosotros que no estéis familiarizados con algunas de las asociaciones más comunes para los cuatro puntos cardinales y los cuatro elementos os resultará útil tener esta información a mano. Podéis empezar o finalizar las invocaciones o los hechizos en una región específica del espacio sagrado para acentuar un tipo concreto de energía (el tema central del ritual). También podéis representar otras actividades en esa región que respalda vuestros esfuerzos. He aquí una breve lista de correspondencias que podéis consultar:

Región/Elemento	Correspondencias
Norte/Tierra	Asuntos económicos, seguridad, anclarse, cimientos, crecimiento/cambio continuo, magia de la tierra.
Este/aire	Comunicación, transformación, movimiento, humor, inventiva, magia del viento.
Sur/fuego	Purificación, iluminación, el aspecto Dios, energía, pasión, conciencia, magia del fuego y el Sol.
Oeste/agua	Intuición, sanación, limpieza, paz, nutrición, inconsciente, el aspecto Diosa, magia de la Luna y del agua.

Después de crear un espacio sagrado, el cuerpo exacto del ritual también varía, pero la idea fundamental es desarrollar poder para tu tema/propósito específico. Esto nos lleva a la liberación de energía. La magia servirá de poco si no la envías por el camino que le corresponde. Al igual que una flecha en un arco, ¡necesita volar! Muchas personas en la Wicca lo consiguen haciendo sonar las palmas fuertemente una sola vez o mediante un movimiento físico que libera la energía.

Al concluir, es importante tomarse un tiempo para anclarse y liberar el espacio sagrado. Después de la magia, es posible que te sientas mareado o veas borroso, especialmente después de un ritual largo. Y, del mismo modo que no esperarías que un invitado en tu casa se quedara para siempre, liberar el espacio sagrado marca un cierre tanto para ti como para los poderes.

Por último, y no por eso es menos importante, escribe lo que más te ha gustado y más te ha disgustado del ritual. ¿Qué te hizo sentir realmente bien? ¿Qué te gustaría volver a utilizar? ¿Qué te pareció aburrido? Tomar este tipo de notas hará que produzcas rituales mucho más eficaces en el futuro.

Ritual de amarre

Lo que vas a necesitar: Una vela hecha por ti, que tenga una mecha con nudos. Para hacerla, simplemente haz nudos en la mecha, dejando el mismo espacio entre uno y otro, antes de sumergirla en la cera o introducirla en el molde. Asegúrate de mantener una imagen clara en tu mente de las energías, persona o situación que pretendes atar en el ritual. Añadir un conjuro específico también puede ayudar. Por ejemplo, si vas a amarrar una energía negativa durante el ritual, podrías decir: «*Negatividad, márchate; que sólo quede la energía positiva*», o tal vez, «*No es esta mecha lo que estoy atando, sino* _____ (rellena con la palabra o frase apropiada)». Repite esto mientras haces cada nudo.

En cuanto a los colores y los aromas, la cera negra es el color tradicional para desterrar, y suele usarse también para amarrar (anclar). Cualquier aroma purificador, como el clavo o el limón, es apropiado. Además, es bueno tener incienso, tus instrumentos de magia (como un *athame*, un cáliz o cualquier cosa con la que suelas trabajar) y un poco de música relajante para marcar el tono del ritual. Recuerda que, no importa cuál sea el escenario, las palabras o los actos de un ritual, lo que en realidad cambia todo y hace que tenga lugar la magia es tu actitud en el momento. ¡Todo lo demás es la alcorza en el proverbial pastel!

Organizar el espacio: Al comienzo del ritual necesitarás encender la vela de amarre/destierro y colocarla en un punto central como, por ejemplo, sobre un altar o una mesa, junto con otros instrumentos y adornos que hayas escogido. En este ritual no habrá velas que representen las regiones (las que se colocaban en Norte, Sur, Este y Oeste), pues la idea es alejar la energía, en lugar de atraerla.

La invocación: Puesto que éste es un ritual de destierro, empezamos en el Norte y avanzamos hacia el Este, en el sentido contrario al de las agujas del reloj. Ponte de pie en la región septentrional de tu espacio sagrado y di:

> *Poderes del Norte, os llamo y os ordeno:*
> *proteged este espacio sagrado y mi magia.*
> *Llevaos la negatividad que me ha estado*
> *atormentando y enterradla en vuestros ricos suelos*
> *para que algobueno pueda crecer en su lugar.*

Avanza hasta la parte occidental del círculo, visualizando una línea de luz blanca y brillante que une los dos puntos y di:

> *Poderes del Oeste, os llamo y os ordeno:*
> *proteged este espacio sagrado y mi magia.*
> *Llevaos la negatividad que ha inundado mis costas*
> *y eliminadla con vuestras olas sanadoras.*

Avanza hasta la parte meridional del círculo, continuando con tu visualización, y di:

Poderes del Sur, os llamo y os ordeno:
proteged este espacio sagrado y mi magia.
Llevaos la negatividad que ha oscurecido
el umbral de mi puerta
y desterradla con vuestra luz.

Avanza hasta la parte oriental del círculo, viendo en tu mente ahora todo el espacio rodeado de una luz banca, y di:

Poderes del Este, os llamo y os ordeno:
proteged este espacio sagrado y mi magia.
Llevaos la negatividad que ha irrumpido en mi vida
y alejadla con los vientos del cambio.

Acércate al punto central de tu círculo, donde la vela permanece encendida, y di:

Espíritu, tú eres la luz del mundo.
Cuando estás presente, ninguna tiniebla
puede permanecer.
Últimamente, mi vida ha estado accidentada y llena
de energías que impiden mi alegría y mi desarrollo.
Acudo a ti hoy y te pido un cambio positivo.
Bendice el trabajo de mis manos en este día
y ayúdame a crear un mañana mejor.
Que así sea.

Mientras estás delante de la vela, vuelve a pensar en la situación que deseas desterrar. Recuerda cuando hiciste la vela con nudos y ataste tu magia a ellos. Concéntrate completamente en esto hasta que la llama queme del todo uno de los nudos mientras tú observas. Cuando el nudo comience a arder, empieza a recitar:

¡Consúmete, consúmete!
¡Sólo el bien puede permanecer!

Cuando el nudo se haya consumido completamente, apaga la vela. Puedes guardarla para otros rituales y hechizos similares.

Otras actividades: Llegado este momento, puedes pasar un rato en el espacio sagrado, si lo deseas, leyendo o usando tu incienso para limpiar tu aura. Para hacerlo, toma una pluma o un abanico y mueve el humo para que te rodee (en el sentido contrario a las agujas del reloj), recogiendo cualquier energía no deseada residual y llevándosela con el viento.

Otra actividad posible es la autobendición. Con frecuencia, cuando ha habido mucho estrés en la vida de una persona, una bendición es de gran ayuda para aliviar un poco la agitación. Las autobendiciones pueden ser de diversas formas. Una es ungir un poquito de tu aceite favorito sobre varios centros de energía (chakras) mientras dices un conjuro. Un ejemplo para el centro del corazón sería: *«Bendice mi corazón para que pueda sanar y esté preparado para recibir amor otra vez».*

Cierre: Para concluir deberás invertir el orden de la invocación con estas variaciones (comenzando por el Este):

> *Guardianes del Este, os doy las gracias.*
> *Vuestros vientos han venido*
> *y se ha iniciado el cambio.*
> *Salve y adiós.*

Avanza hasta el Sur, visualizando que las líneas de energía del comienzo del ritual se van desvaneciendo lentamente y van desapareciendo a medida que tú avanzas.

> *Guardianes del Sur, os doy las gracias.*
> *Vuestros fuegos han consumido la oscuridad*
> *y me han dado esperanza.*
> *Salve y adiós.*

Avanza hasta el Oeste, continuando con la visualización:

> *Guardianes del Oeste, os doy las gracias.*
> *Vuestras aguas fluyen hasta mi alma y me sanan.*
> *Salve y adiós.*

Avanza hasta el Norte, viendo ahora cómo las últimas líneas de energía desaparecen en tu mente, y di:

Guardianes del Norte, os doy las gracias.
Vuestra Tierra me proporciona los cimientos para
volver a construir.
Salve y adiós.

Avanza hasta el centro, da gracias al Espíritu de la forma que te parezca más apropiada y luego toma notas sobre tu experiencia en un diario de magia para consultarlas en el futuro. Llévate contigo la esperanza de este lugar, en tu corazón, ¡para saludar al nuevo día!

Ritual para cambiar tu suerte

Si las cosas parecen ir mal y la mala suerte te acompaña a dondequiera que vayas, este ritual está diseñado para ayudarte.

Lo que vas a necesitar: Elige una vela (o varias) de un color que para ti represente la suerte. Si decides usar más de una vela, el número de velas debería ser un número de la suerte. Los aromas adecuados para la buena fortuna incluyen el de pimienta inglesa, el de brezo, el de naranja, el de piña y el de violeta. Por otra parte, puesto que éste es un hechizo personal, podrías frotar un poco de tu perfume o colonia favorita en la vela (o velas).

Además, también ayuda grabar la imagen de un trébol de cuatro hojas u otro emblema que represente la buena suerte en una de tus velas. Coloca la vela boca abajo y graba la imagen mientras te concentras en tu objetivo (el motivo para hacer esto se hará evidente en el ritual). Pienso que utilizar un palillo funciona bien y evita que las velas más finas se rompan.

Organizar el espacio: Coloca la vela grabada en el centro del círculo, con tus utensilios. Si hay más velas, se pueden colocar en los cuatro puntos cardinales o en cualquier otro sitio que personalmente te agrade. También podrías considerar la posibilidad de traer a este espacio cualquier amuleto de la buena suerte que tengas para que absorba la energía.

Invocación: Esta invocación se mueve en el sentido de las agujas del reloj (para atraer energía positiva). Comienza en el Este, que es la dirección del movimiento y el cambio (el elemento aire). El aire también es vigorizante. Puede inspirar nuevos pensamientos y actos positivos capaces de producir la serendipia que a veces necesitamos tan desesperadamente. Si pusiste una vela en el Este, deberías encenderla mientras dices:

> *Señor de los vientos, deja que comience la magia.*
> *Mientras estoy en la puerta,*
> *¡libérame de toda la mala suerte!*

Avanza hasta la parte meridional del espacio sagrado y enciende cualquier vela que hayas podido colocar ahí, diciendo:

> *Padre Fuego, haz que la energía aumente más.*
> *Que mi espíritu arda libre,*
> *¡encendido con serendipia!*

Avanza hasta la parte occidental del espacio sagrado, y enciende cualquier vela que hayas podido colocar ahí, diciendo:

> *Hermana lluvia, lléname otra vez.*
> *Nacida de los mares, ¡dame buena fortuna!*

Avanza hasta la parte septentrional del espacio sagrado, enciende cualquier vela que hayas podido colocar ahí, diciendo:

> *Madre Tierra, da a luz a la magia.*
> *Arraigado en tu rico suelo, ¡haz que la suerte*
> *en mi espíritu abunde!*

Dirígete al centro del círculo, donde la vela grabada ya está ardiendo. Respira hondo y concentra tu voluntad en alejar la corriente negativa. Alarga la mano para asir la vela a la altura en que se encuentra el grabado, diciendo:

> *Mala suerte cambia, la vela ya no arde.*

Pon la vela boca abajo (¡ahora, la imagen de la suerte que grabaste antes ya no está invertida!). Di:

> *Cuando brille esta nueva luz,*
> *la buena suerte será mía.*

Enciende el otro extremo de la vela (quizá necesites tallar un poco ese extremo antes de comenzar el ritual, para que resulte fácil de encender).

Todo este proceso se asemeja a darle la vuelta a un reloj de arena: la idea es cambiar la energía haciendo que deje de ser lo que ha sido y se convierta en lo que necesitas, transformando lo negativo en positivo. Este ritual proviene de un antiguo truco gitano usado para dirigir la atención hacia otra parte, pero se puede utilizar fácilmente para este propósito.

Otras actividades: Puesto que todo el ritual está diseñado para atraer la buena suerte, éste es un momento ideal para hacer una vela encantada para la buena suerte que podrás llevar a todas partes. Regresa al capítulo 2 y vuelve a leer el encantamiento que se ofrece. Haz los cambios que te complazcan y acuérdate de llevar lo que necesites al espacio sagrado para poder crear el amuleto mientras la energía mágica está en su punto más alto.

También podrías probar otros trucos de «cambio». Se sabe, por ejemplo, que algunos jugadores se ponen los calcetines del revés o se sientan mirando hacia atrás en una silla para que su suerte cambie. Cada uno de estos actos es un tipo de magia simpática que apoya tu objetivo.

Cierre: Vas a liberar la energía del espacio sagrado en el orden opuesto al punto en que empezaste, comenzando por el Norte:

> *La semilla ha sido sembrada;*
> *el trabajo ha comenzado.*
> *Os doy las gracias y os digo adiós.*

Apaga cualquier vela que haya en el Norte, y luego avanza hasta el Oeste:

> *El fluir del agua no tiene fin;*
> *un nuevo ciclo ha comenzado.*
> *Os doy las gracias y os digo adiós.*

Apaga cualquier vela que haya ahí y luego avanza hasta el Sur:

> *Los fuegos del espíritu arden;*
> *un nuevo hogar se enciende.*
> *Os doy las gracias y os digo adiós.*

Una vez más, apaga cualquier vela que haya ahí y acaba en el Este, diciendo:

> *Los vientos se aquietan, pero la magia continúa.*
> *Os doy las gracias y os digo adiós.*

Si quieres puedes añadir una nota personal de agradecimiento al Espíritu en este momento.

Ritual para atraer dinero

Aunque a menudo querríamos que no fuera así, el dinero tiene un gran poder en nuestras vidas y alrededor de ellas. Cuando no tenemos suficiente para pagar nuestras facturas y para mantenernos adecuadamente, nos resulta difícil concentrarnos en los asuntos del espíritu. Es ahí donde este ritual puede ayudar.

No obstante, yo recomiendo que no se realicen rituales para atraer dinero sin pensarlo detenidamente, pues pueden tener unos resultados interesantes. Muchas personas, por ejemplo, me cuentan que a menudo, después de haber hecho este ritual, les piden que hagan muchas horas extra en el trabajo o reciben encargos adicionales. ¿Por qué? Porque el universo espera que mantengamos nuestro papel de cocreadores y estemos dispuestos a realizar parte del trabajo necesario para cubrir nuestras necesidades. Y lo mejor es que nos sentimos muy bien respecto a los resultados porque vemos que son consecuencia de haber trabajado con alegría.

Lo que vas a necesitar: En primer lugar, a ser posible, espera a los tres días de Luna llena y repite este ritual cada uno de esos tres días (puedes hacerlo a cualquier hora). La Luna llena representa la abundancia. Por otra parte, trabaja al mediodía, cuando el Sol brilla con fuerza. El color del Sol acentúa la prosperidad (el oro) y la luz representa la bendición.

A continuación, consigue tres velas verdes pequeñas (una para cada día) y graba varios signos de dólar ($) en todos los lados. Frota un poco de aceite de menta, de pino o de canela en las imágenes. Busca unos candelabros de color dorado, plateado o verde para acentuar tu objetivo, o coloca los candelabros encima de un billete grande. Consigue una botella de vino caro u otra bebida cara que no comprarías normalmente y tenla preparada, junto con una copa.

Organizar el espacio: Cada día, coloca una vela verde en el centro del espacio sagrado, junto con la copa y un tercio de la bebida. Cualquier otro adorno es algo puramente personal, pero a mí me gusta poner una moneda de color plateado o dorado en cada uno de los puntos cardinales mientras los invoco para rodearme de dinero.

Invocación: El dinero está asociado al elemento tierra, o la zona Norte del círculo, de modo que comenzaremos la invocación ahí, avanzando en el sentido de las agujas del reloj:

Madre de toda abundancia, te doy la bienvenida y solicito tu ayuda.

Deja la moneda y luego avanza hasta el Este:

Vientos de la suerte, os doy la bienvenida y solicito vuestra ayuda.

Deja la moneda y avanza hasta el Sur:

Fuegos de la motivación, os doy la bienvenida y solicito vuestra ayuda.

Deja la moneda y avanza hasta el Oeste:

Aguas de la abundancia, os doy la bienvenida
y solicito vuestra ayuda.

Dirígete al centro, donde has colocado la vela verde. Enciéndela diciendo:

Mira mi necesidad; mira mi carga.
Por mi voluntad y por mi magia,
tráeme dinero con la próxima Luna llena.

Mueve la vela encendida por encima de la copa, diciendo:

Acepto la plenitud de la bendición
que está viniendo a mí,
y doy las gracias por lo que tengo.

Bebe todo el contenido de la copa, excepto unas pocas gotas, que deberás verter a la tierra como una libación mientras dices:

Recibe para dar; da para recibir.

Repite esta actividad cada uno de los tres días. Dona las monedas utilizadas en este ritual a alguna causa justa (no las guardes, pues ello retrasaría la manifestación de la magia). Con la llegada de la siguiente Luna llena, tus circunstancias deberían mejorar.

Otras actividades: Hay dos maneras de atraer cosas hacia ti que son bastante habituales en la Wicca. La primera consiste en escribir el nombre de lo que necesitas en un trozo de papel. Este papel se debe doblar hacia dentro tres veces y luego hay que atarlo con una cuerda. Coloca el papel sobre la mesa, frente a ti (más allá de la vela verde) y concéntrate en lo que necesitas. Lentamente, atrae el papel hacia tus manos, tirando del hilo que sobresale. Cuando llegue a ti, átalo con lo que queda de hilo y llévalo contigo como un amuleto de prosperidad hasta que el dinero se manifieste. Cuando eso ocurra, deberías quemar el amuleto con un corazón agradecido.

Un segundo método utilizado con frecuencia es el de atar un imán a una moneda de plata o a un billete para que el imán atraiga más de lo mismo. Este amuleto debería hacerse en el espacio sagrado y llevarse dentro de la cartera o cerca de ella.

Cierre: Ésta es una bonita manera de concluir que funciona (con vibraciones menores) para prácticamente cualquier ritual. Colócate de pie en el centro de tu espacio y di:

> *Tierra y aire, fuego y mar,*
> *gracias por estar aquí conmigo,*
> *por ver y satisfacer las necesidades de mi corazón.*
> *¡Felices nos encontramos y felices nos despedimos!*

Ritual para la paz

Muy pocas personas pueden decir que nunca han herido los sentimientos de nadie o que jamás han perdido los nervios. El propósito de este ritual es devolver la paz y la armonía a una situación o una relación en la que la animosidad ha empezado a destruirlo todo.

Lo que vas a necesitar: Si estás realizando este ritual para devolver la paz a una situación (por ejemplo, en tu centro de trabajo), necesitarás una vela pequeña que la represente. Si lo estás haciendo para recuperar la armonía con una persona o un grupo, es mejor que lo hagas con esa persona o ese grupo (cada persona necesitará una vela pequeña).

Si las circunstancias no te permiten trabajar con la persona o el grupo, entonces elige una vela adecuada para representarlos. Graba su(s) nombre(s) en ella y frótala con aromas que creen una gran simpatía hacia la persona o el grupo. Por ejemplo, si tienes una amiga con la que has tenido una discusión, podrías grabar su nombre en la vela y ungir un aroma que sabes que le gusta.

El mejor color genérico para la paz es el blanco (puedes poner una tela blanca sobre el altar para acentuar aún más esta energía). Los aromas apropiados para este ritual incluyen los de lavanda, lila, rosas y violeta.

Organizar el espacio: Coloca las velas para este ritual en la parte septentrional del espacio sagrado y enciéndelas. Ésta es la región que está gobernada por la Tierra, la cual puede aceptar y enterrar la negatividad. Ten una pequeña copa de agua en el Oeste y una vela de color naranja pálido en el Sur (sin encender). El resto del espacio sagrado puedes arreglarlo como a ti más te guste.

Invocación: Empezaremos esta invocación en el Sur y avanzaremos en el sentido contrario al de las agujas del reloj. El Sur es la región del fuego: el elemento que gobierna el enfado. Avanzar en el sentido contrario al de las agujas del reloj simboliza reducir o desterrar:

> *Fuegos del Sur, arded suavemente en este día*
> (enciende la vela)
> *pues es mi/nuestro deseo que el enfado*
> *se desvanezca.*

Avanza hasta el Este y di:

> *Saludo a los poderes y los vientos del Este*
> *para que se lleven la negatividad. Enfado: ¡cesa!*

Avanza hasta el Norte y di:

> *Suelos de Tierra, escuchad mi/nuestro grito,*
> *sustituid el enfado con comprensión, ¡pronto!*

Avanza hasta el Oeste y di:

> *Aguas magníficas, con olas que vienen y van,*
> *dondequiera que paséis,*
> *¡dejad que fluya la sanación!*

Toma la copa de agua que dejaste en el Oeste y llévala al centro del círculo. Elévala hacia el cielo y bendícela, diciendo:

El agua nutre,
el agua limpia,
el agua inspira,
Que nutra mi/nuestras alma(s),
se lleve toda la negatividad
y nos inspire paz.

Lleva la copa hasta el Norte, donde ha ardido la vela de tu enfado y recógela diciendo:

Que todo enfado, amargura y culpa cesen ahora.
Con mi voluntad y mi palabra,
¡apago tu llama!

Sumerge la vela en el agua y asegúrate de que se apague por completo. Después de este ritual, deberías llevar la vela a alguna parte y enterrarla para que, de este modo, el enfado quede enterrado.

Otras actividades: Mi añadido favorito a este ritual empieza por traer al espacio sagrado una maceta de un buen tamaño, llena de Tierra fértil, y unas cuantas semillas de flores. En lugar de esperar al final del ritual para enterrar la vela, introdúcela en la maceta, empujándola hasta que llegue al fondo. Cuando hagas esto, empuja toda tu ira y tus malos sentimientos hacia la vela. Encima de ella, coloca la semilla de una flor diciendo:

Presta buena atención a la ley del tres.
¡Libero generosamente mi negatividad!
Como es arriba, es abajo;
donde había enfado,
¡ahora crece la belleza!

Cuando aparezca la planta deberías observar varios cambios positivos en la situación o la relación hacia la que estaba dirigido este ritual.

Cierre: Empieza por el Oeste, moviéndote en el sentido de las agujas del reloj, ya que ahora estás preparado para aceptar las bendiciones y la energía positiva:

Poderes del Oeste, gracias por la limpieza
y la sanación.
Avanza hasta el Norte y di:
Poderes del Norte, gracias por enterrar mi enfado.
Avanza hasta el Este y di:
Poderes del Este, gracias por motivar
un cambio positivo.
Avanza hasta el Sur y di:
Poderes del Sur, gracias por la chispa de magia.
Coge la vela naranja y elévala hacia el cielo, diciendo:
Espíritu, sólo soy un ser humano con fallos
humanos.
Hoy he liberado el fuego de mi ira
a los guardianes y quiero dejarla atrás.
Ayúdame a hacerlo con un corazón agradecido.
Que así sea.

Apaga la vela. Ahora puedes guardarla como una vela de los cuadrantes.

Ritual de fuerza/valentía

El mundo es un lugar complejo en el que a menudo nos enfrentamos a situaciones difíciles. La decisión interior no siempre es un artículo que pueda adquirirse. Cuando sientas que tus rodillas flaquean y te faltan agallas, éste es un buen ritual para recuperar la valentía y la fuerza.

Lo que vas a necesitar: Una vela cuyo color represente para ti la valentía (el rojo es habitual), ungida con aceite de cedro o de almizcle para aumentar la energía. Además, necesitarás un trozo de papel con las palabras «fuerza» y «valentía» escritas en él.

Organizar el espacio sagrado: Enciende la vela y colócala en la parte meridional del espacio sagrado, y lleva contigo el papel. La zona Sur rige nuestros niveles de energía, incluye los necesarios para luchar y defender firmemente una causa.

Invocación: Esta invocación es un poco distinta en el sentido de que se realiza desde el centro del espacio. Esto es en realidad por conveniencia y puedes adaptarlo como tú quieras.

> *Del Este te llamo, poder de los vientos.*
> *Por mi voluntad y vuestra bendición,*
> *la magia va a empezar.*
> *Del Sur te llamo, poder de la llama.*
> *Energiza la magia: reclamo debidamente tu fuerza.*
> *Del Oeste te llamo, poder de la Luna.*
> *Brilla con valentía, enciende la noche...*
> *concédeme este favor.*
> *Del Norte te llamo, poder de la tierra.*
> *Dame tu arraigada fuerza,*
> *¡permíteme conocer mi valor!*

Llegado este punto, puedes añadir una oración personal acerca de tu situación. Cuando hayas acabado, avanza hasta el punto meridional del espacio, donde arde la vela. Extiende tus manos hacia la llama para que puedas sentir su calor. Respira hondo y susurra:

> *Fuerza, sé mía,*
> *valentía, ¡brilla!*

Continúa repitiendo esta frase hasta que de forma natural vayas subiendo el volumen de tu voz y alcances el punto más alto. En ese momento, toma el papel y dóblalo resueltamente en tres partes hacia adentro (por el cuerpo, la mente y el espíritu), concentrando tu voluntad y sin dejar de recitar la frase. Usa la vela para sellar el papel dejando caer unas gotas de cera sobre él. Si lo deseas, puedes aprovechar este momento para grabar en la cera un símbolo que represente tu objetivo. Ahora puedes usar este papel como un amuleto portátil para aumentar tu fuerza.

Si alguna vez necesitas obtener de manera rápida una gran fuerza o valentía, abre el precinto y quema el papel para liberar toda la energía contenida en su interior.

Otras actividades: La fuerza es una función de la voluntad que se cree que está ubicada alrededor del chakra del plexo solar. Siéntate y visualiza una rueda de energía que gira por encima de tu plexo solar. Mientras lo haces, imagina también una luz amarilla-dorada que se vierte desde arriba, entra por tu cabeza, desciende pasando por tu corazón y entra en el plexo solar. Continúa hasta que la claridad de la luz y del color en el chakra sea tan real como sea posible. Esta actividad ayuda a limpiar y equilibrar este chakra para proporcionarte una mayor fuerza de voluntad.

Cierre: Regresa al centro de tu círculo y di:

Volved, volved, poderes volved al lugar
del que provenís;
el lugar al que siempre habéis pertenecido.
¡Felices nos encontramos, felices nos despedimos
y felices nos volvemos a encontrar!

Ritual de transición

¿Con cuánta frecuencia oímos la frase «los tiempos cambian»? Hoy en día, ¡las cosas tardan menos en cambiar que una persona en cambiarse los calcetines! Este ritual está diseñado para cuando descubras que te está costando seguir el ritmo de las transiciones, o adaptarte a ellas.

Lo que vas a necesitar: Cuatro velas, cada una de las cuales debería ser de uno de los colores elementales (rojo, azul, amarillo, verde). Una buena elección de aromas para este ritual es la lavanda, ya que inspira la paz interior a cualquier asunto al que te enfrentes. Como alternativa, prueba el sándalo para centrarte espiritualmente.

Organizar el espacio: Coloca las cuatro velas en sus puntos correspondientes en el círculo (la roja en el Sur, la azul en el Oeste, la amarilla en el Este y la verde en el Norte). Ten cerca cerillas o una fuente de fuego para encenderlas durante el ritual.

Además, si puedes, trabaja al amanecer, al atardecer, al mediodía o a medianoche. Todos ellos son momentos de transición del día y su energía es beneficiosa.

Invocación: Este ritual es bastante específico debido a que la invocación misma incluye una actividad mágica que tiene el propósito de ayudarte a que te adaptes a la energía. Presta especial atención a las instrucciones dadas en cada uno de los puntos cardinales y concéntrate intensamente en tu intención. ¡No hay motivo para correr!

Empieza por el Norte (si imaginamos que el círculo es un reloj, éste sería el mediodía). Enciende la vela y hazla girar en el sentido de las agujas del reloj, mientras dices:

> *Gira y cambia, gira y cambia:*
> *todas las cosas giran y cambian.*
> *Toda mi vida ha sido reorganizada.*
> *Aun así, yo giro y cambio.*

Avanza hasta el Este, susurrando suavemente «gira y cambia» hasta llegar a la vela. Esto te ayuda a llevar contigo la energía creada en el Norte y a conectarla con el Este. Enciende la vela y hazla girar en el sentido de las agujas del reloj, diciendo:

> *Cambia y gira, cambia y gira:*
> *todas las cosas cambian y giran.*
> *Muchas lecciones aprenderé,*
> *pero aun así, ¡yo cambio y giro!*

Ahora avanza hacia el Sur, dejando que tu voz cobre fuerza mientras continúas repitiendo «cambia y gira» sin dejar de caminar. Detente al llegar a la vela roja. Enciéndela y hazla girar en el sentido de las agujas del reloj, diciendo:

> *Los fuegos arden, los fuegos transforman:*
> *todas las cosas son transformadas por el fuego.*
> *Y de las cenizas, una nueva vida nace.*
> *¡Y yo también me transformaré!*

Avanza hacia el Oeste y continúa dejando que tu voz aumente su fuerza, aunque esta vez repitiendo simplemente la palabra «transformaré». Detente al llegar a la vela azul, enciéndela y empieza a hacerla girar en el sentido de las agujas del reloj, diciendo:

> *Se adaptan y fluyen, se adaptan y fluyen,*
> *las aguas se adaptan y fluyen.*
> *Como es arriba, es abajo,*
> *¡así que yo me adapto y fluyo!*

Ahora siéntate en el centro del círculo y medita todo el tiempo que desees. El poder de transformación y la capacidad de aceptar te rodean. Lo único que tienes que hacer es permitir que saturen todo tu ser.

Otras actividades: Muchas de las actividades para cambiar la suerte que comentamos antes en este capítulo funcionan para cambiar también de perspectiva. Simplemente, cambia los colores, los aromas, las palabras y el tema central personal para que se adecuen a tu objetivo, y utiliza los que a ti te gusten.

Cierre: Ponte de pie en el centro del círculo y di:

> *El tiempo va y viene, pero la magia perdura.*
> *Guardianes, os doy las gracias*
> *por vuestra ayuda en este día.*
> *Y, al igual que la magia, haced que*
> *vuestras lecciones perduren en mi corazón.*
> *Que así sea.*

Empezando por el Oeste, empieza a apagar las velas avanzando en silencio en el sentido contrario al de las agujas del reloj.

Ritual de sabiduría

¡Conozco a pocas personas en el mundo a las que no beneficiaría tener un poco más de sabiduría! Cada día nos enfrentamos a decisiones que podrían cambiar nuestro futuro y afectar a nuestros seres queridos. Nos enfrentamos a conflictos morales que hacen que deseemos respuestas. Los rituales de sabiduría nos ayudan a enfrentarnos a estos momentos utilizando experiencias previas de la vida y un sentido innato de la conciencia como compañeros.

Lo que vas a necesitar: Siempre he considerado al color morado como el color de la sabiduría. Quizá no estés de acuerdo conmigo; si ése es el caso deberías elegir tres velas cuyos colores representen para ti dicha cualidad. Graba en cada una de ellas la imagen de un ojo. En la Antigüedad, éste era el símbolo de la visión, la comprensión y la erudición. Además, representa la ventana del alma, donde la sabiduría debería alojarse para crecer hacia fuera en nuestra realidad.

Los aromas adecuados para este objetivo incluyen el de melocotón y el de salvia, los cuales pueden ungirse en las velas o quemarse en forma de incienso. Adicionalmente, si quieres considerar el momento lunar más adecuado, busca la Luna llena, ya que ella abre el tercer ojo y te ayuda a percibir.

Organizar el espacio: Puedes colocar las velas en tu espacio sagrado de dos formas. La primera consiste, simplemente, en ponerlas en medio del altar (práctico y funcional). La segunda es colocarlas en el punto elemental más adecuado para el ámbito de tu vida en el que necesitas sabiduría. Por ejemplo, si necesitas aprender a gestionar el dinero de una forma más sabia, colócalas en el Norte. Si necesitas ser más sabio en tu forma de expresarte, ponlas en el Este.

Invocación: Si has colocado las velas en una dirección determinada, comienza esta invocación ahí y continúa avanzando alrededor del círculo en el sentido de las agujas del reloj. Si no es así, empieza en el punto tradicional del Este (que representa el amanecer y los nuevos comienzos, ya que es por donde sale el Sol), diciendo:

> *Antiguo poder del Este, acudo a ti.*
> *Aquí, entre los mundos, busco tu consejo.*
> *Sé bienvenido y recíbeme con ideas nuevas.*

> *Antiguo poder del Sur, acudo a ti.*
> *Aquí, entre el amanecer y la oscuridad,*
> *busco tu consejo.*
> *Sé bienvenido y recíbeme con energía renovada.*

> *Antiguo poder del Oeste, acudo a ti.*
> *Aquí, entre las corrientes, busco tu consejo.*
> *Sé bienvenido y recíbeme con tu profunda percepción.*

> *Antiguo poder del Norte, acudo a ti.*
> *Aquí, entre la vida y la muerte, busco tu consejo.*
> *Sé bienvenido y recíbeme con tus lecciones.*

Dirígete a la zona en la que has puesto las tres velas y enciéndelas una a una, diciendo:

> *Sabiduría en el cuerpo: reclamo mi cuerpo*
> *como un templo en el que están teniendo*
> *lugar el aprendizaje y el desarrollo espirituales.*
> *Haz que lo trate sabiamente.*

> *Sabiduría en la mente: reclamo mis pensamientos,*
> *sabiendo que los pensamientos son el poder*
> *a través del cual se manifiesta el cambio.*
> *Haz que piense clara y sabiamente.*

> *Sabiduría en el espíritu: reclamo mi alma en todo*
> *su conocimiento obtenido de vidas anteriores.*
> *Haz que esas lecciones vuelvan a despertar*
> *y me den sabiduría.*

Éste es un buen momento para sentarse en silencio y meditar. El espíritu habla cuando estamos preparados para escuchar y el ritual es un medio para abrirnos a esos mensajes.

Otras actividades: Trae un vaso de zumo de melocotón a tu espacio. Después de la actividad principal, siéntate en el centro del espacio, elevando el vaso al cielo, y di algo así como:

> *En mi corazón brillará la sabiduría.*
> *Cuando beba este zumo, ¡será mía!*

Como puedes ver, ¡no es poesía de primera! Recuerda: lo que cuenta es la intención, no las palabras. Luego bebe hasta la última gota del zumo para que esa energía entre en ti.

Cierre: Te sugiero que elabores una oración con tus propias palabras para el cierre de este ritual, expresando a los poderes y a lo sagrado el motivo de tu necesidad y tu voluntad de ser cuidadoso con lo que se te entregue. Recuerda: la sabiduría es un regalo como cualquier otro y necesita ser honrada.

Ésta es sólo una pequeña muestra de los rituales que utilizan velas como punto focal. ¿Qué otro tipo de rituales podrías realizar de una manera semejante? ¡Prácticamente cualquier ritual! Puedes crearlos para la salud, la riqueza, la felicidad, la fertilidad, etc. En otras palabras, los rituales con velas pueden aplicarse a todas las necesidades habituales. Además, puedes ser ingenioso e idear rituales genéricos para pedir deseos. Por ejemplo, consigue una vela flotante de un color adecuado y celebra un ritual cerca de una fuente de agua. Enciéndela y pide un deseo durante el rito, colocándola suavemente en el agua. El movimiento del agua llevará la luz de tu esperanza al mundo.

El feng shui y las velas

*Lo mejor y lo más seguro es mantener un equilibrio en tu vida
y reconocer los grandes poderes que hay a nuestro alrededor
y en nuestro interior.*

EURÍPIDES

En el capítulo 4 comentamos el modelo budista de oración
y meditación a la luz de las velas, en el cual la intención
es la clave para la manifestación. Teniendo en cuenta esto,
no debe sorprender que haya otra metodología y filosofía
oriental que se preste de igual modo a la magia con velas:
el *feng shui*. Conocido en círculos modernos como el arte
de la colocación, el feng shui tuvo su inicio en China hace
unos cuatro mil años como un sistema que reconoce y honra
a los elementos como poderes importantes que influyen en
nuestras vidas.

En el feng shui, lo que se espera es inspirar el fluir más
positivo del *chi*, que equivale a unas «buenas vibraciones»
(a falta de una mejor forma de decirlo). El *chi* forma parte
de todas las cosas. Está en las rocas y en los árboles, y está
en nuestros hogares y en los espacios sagrados. Cuando
aprendemos a reconocerlo y a trabajar con él, el *chi* favore-
ce la salud, la alegría y la integridad en el cuerpo, la mente
y el espíritu.

La siguiente pregunta obvia es: «¿Y esto qué tiene que
ver con las velas?». Bastante, cuando lo llegas a entender

mejor. Cada parte de una habitación, una vivienda, un jardín o cualquier espacio en el que uno pueda hacer magia tiene un tipo de *chi* específico asociado a él. Del mismo modo que hablamos de tierra, aire, fuego y agua como elementos que poseen unas energías únicas capaces de favorecer unos tipos de magia concretos, el feng shui funciona de una manera similar, centrándose en la colocación de las cosas como clave para el éxito. Y, al igual que la magia, se dice que el feng shui puede afectar a la gente a larga distancia, siempre y cuando la persona haya vivido en tu casa o haya estado anteriormente en tu espacio sagrado.

Direcciones/correspondencias en el feng shui

Para empezar a aplicar la filosofía del feng shui al uso de las velas, primero debemos conocer qué parte de un espacio representa a qué elemento. Además, necesitamos saber qué controlan dichos elementos en este sistema filosófico concreto. Aunque sigo animando a la gente a confiar en su instinto respecto al valor simbólico, también es importante honrar el sistema cultural del que estamos recibiendo la información.

A continuación se ofrece el resto de las direcciones avanzando en el sentido de las agujas del reloj alrededor de un espacio. Mientras las repasas, ten en cuenta que cada espacio y cada subsección del mismo albergará a dichas orientaciones. Esto quiere decir que todo tu hogar puede estar dividido de esta manera, al igual que la habitación en particular en la que realizas la magia. Esto te dará una mayor flexibilidad en tu actividad con las velas.

Dirección	Tema, color y elemento
Norte	Capacidad de ofrecer cuidados, empleos, energía orientada a lo profesional. Negro y azul. Agua.
Noreste	Aprender, educación, mente consciente. Marrón y amarillo. Tierra.
Este	Familia, salud, primavera, comienzos, estimulación. Azul claro y verde claro. Madera.
Sudeste	Prosperidad, abundancia, inventiva. Verde oscuro, azul. Madera.
Sur	Aceptación, renombre, reconocimiento, energía. Rojo y morado. Fuego.
Sudoeste	Relaciones (orientadas al amor), alegría, contento, paz. Marrón y amarillo. Tierra.
Oeste	Fortuna de los niños, armonía. Blanco, plateado, dorado. Metal.
Noroeste	Servicio, gente colaboradora, redes de trabajo. Blanco, plateado, dorado. Metal.

Tomémonos unos momentos para analizar esto más en detalle.

Norte

El Norte es el distrito financiero, al menos por lo que se refiere a la profesión. Esta parte de una habitación o de una vivienda indica el éxito que tienes en tu profesión, cómo te relacionas con tus compañeros de trabajo, cuán satisfecho estás con tu empleo y el equilibrio general que has conseguido entre hogar y trabajo. Supongamos, por ejemplo, que la cocina se encuentra en esta zona de tu casa. Podrías ser alguien con una carrera como chef, alguien a quien le gusta picar en el trabajo, o quizá descubras que en tu trabajo siempre hay cosas que se «están cociendo». No obstante, si la cocina es muy oscura o está mal organizada, es posible que, asimismo, en tu trabajo tu estado de ánimo sea lúgubre y tu mesa de escritorio esté en un continuo estado de desorden. Quita las cortinas, ordena las cosas ¡y enciende una vela para que se pueda iniciar un cambio positivo!

Noreste

Es sumamente interesante observar tu hogar y ver qué habitaciones u objetos se encuentran en esta zona. Por ejemplo, si resulta ser el baño, descubrirás que prácticamente todas las personas que viven en tu casa leen cuando están ahí, ¡y no sólo cosas superficiales! En un tono más serio, desarrollar la propia mente es un factor importante también para el éxito espiritual. De modo que presta atención a esta zona de tu casa o de tu espacio sagrado, y hónrala con una vela del color adecuado cuando encuentres que tus pensamientos están vagando o estás perdiendo la concentración.

A propósito, éste también es un buen lugar para encender una vela cuando estés sufriendo alguna angustia mental, pues acentúa tu parte racional. O enciende una vela para expandir tu mente en nuevas e interesantes direcciones.

Este

Esta dirección es tan importante en el feng shui como en la magia. Es la región del crecimiento y de los nuevos comienzos, como la primavera misma. Si te está costando hacer despegar un proyecto o si no te sientes muy bien físicamente, observa esta parte de tu casa o de tu habitación. ¿Está sucia? ¿Desordenada? ¿Hay algo que parece fuera de lugar? Limpia, endereza o arregla el problema y luego enciende una vela intencionadamente en este lugar para que el *chi* recupere la armonía. ¡Y observa lo que ocurre!

Sudeste

En este punto del círculo empezamos a entrar en la energía relacionada con el Sol, la cual trae cosas buenas. Muchos orientales que se dedican a los negocios se aseguran de tener siempre una planta en flor en la sección sudeste de su oficina o de su vivienda para que la prosperidad también florezca. Cuando esto se combina con el acto de encender una vela en el Este, se puede lograr también que un proyecto especial se inicie con el mejor pie posible.

A propósito, para los artistas que están sufriendo un bloqueo, éste es un lugar ideal para eliminar esos problemas y recibir ideas nuevas. Asegúrate de que no haya puertas cerradas y vistas bloqueadas en esta zona, y luego enciende una vela para que las cosas se vuelvan a encaminar.

Sur

Esta parte de una habitación o vivienda ejerce una gran influencia sobre la forma en que otras personas te perciben y perciben tus esfuerzos. Además, habla con fuerza de virtudes como el honor, la valentía y la serenidad. Los individuos que son poco agraciados, que carecen de un auténtico entusiasmo por la vida o que sienten que todo el mundo habla mal de ellos, harían bien en examinar esta región. Por ejemplo, si el área está muy cerrada, es posible que descubras que la gente te ve, asimismo, como alguien muy cerrado. Abrirla libera el *chi* positivo e inicia el proceso de remodelación. Esto, combinado con el acto de encender una vela, también ayuda a eliminar los recuerdos o impresiones negativos residuales.

Sudoeste

Ésta es la parte de una vivienda o una habitación que jamás debe descuidarse, pues rige los asuntos del amor, la suerte, la comprensión, la empatía y la unidad. Si encuentras que la armonía general de tu familia parece estar continuamente alterada en una parte de la casa, abre todas las puertas que llevan a esa habitación desde la zona del sudoeste para que pueda fluir el amor.

Es una zona excelente donde encender velas para las relaciones con la finalidad de fortalecerlas y mejorar la comunicación en general en tu hogar. También podrías encender una vela en esta región cuando llegue a tu vida una persona nueva, o incluso un animal doméstico. Cada ser vivo que dejamos entrar en nuestras vidas modifica la energía con la que trabajamos regularmente. Encender una vela en este sector del feng shui reconoce dicho cambio y lo honra, haciendo que la transición sea más fácil.

Oeste

Muchas personas leen la frase «la fortuna de los niños» y dejan de leer acerca del Oeste, porque piensan: «Yo no tengo hijos». Pues bien, tengo una sorpresa para vosotros: probablemente tenéis hijos metafóricos. ¿Hay algo que has creado de la nada, de lo cual estás muy orgulloso (arte o negocios)? ¿Hay algún animal en tu vida al que tratas como si fuera un bebé? ¿O hay algún niño o niña (sobrina, sobrino, nietos o hijos de amigos) con quien tengas un vínculo muy fuerte? Si es así, hacer magia con velas en esta región ayuda a estos «niños» cuando su salud está debilitada, cuando quieres que su comportamiento mejore o simplemente para darles una vida llena de alegría.

Noroeste

Esta parte del espacio sagrado resuena con la energía del servicio que se ofrece generosamente. Con frecuencia esto llega a ti de otras personas, pero también puede ser indicativo de cuánta generosidad eres capaz de dar. Si descubres que dudas respecto a contribuir de una forma sana a las vidas de otras personas, es muy probable que el *chi* esté bloqueado. Pon las cosas en orden, acaba con el desorden, abre una ventana y ábrete tú también. Enciende una vela que represente un espíritu perceptivo, dispuesto a dar y a recibir.

Trabajar en esta área nos ayuda en esos momentos en los que necesitamos que otras personas se muevan y sacudan las cosas, o simplemente nos apoyen durante las épocas difíciles. En este caso, encender la vela actúa como una invitación a que el *chi* llegue a aquellas personas cuya presencia, conocimientos o ayuda sean más beneficiosos.

A propósito: para aquellos de vosotros que trabajan con espíritus ancestrales, éste es el lugar ideal para honrarlos. Nuestros ancestros son las «personas colaboradoras» que forjaron nuestra realidad tal como la conocemos. Éste es también un sitio ideal para realizar hechizos y rituales con velas para ampliar tus relaciones con personas que piensan como tú.

Niveles de energía y regiones

Del mismo modo que cada región del feng shui tiene asociaciones específicas, cada una de ellas tiene también una rúbrica energética. A menudo, la vibración o la quietud de esta rúbrica afecta a tus rituales y hechizos con velas. De modo que aquí te ofrezco una visión general de los niveles de energía para que la consultes y obtengas ideas sobre cómo aplicarlos:

Norte
Al igual que la Tierra misma, el Norte proporciona muchos cuidados. Esta región ayuda a sustentar la vida, de modo que es apropiada para la magia con velas cuyo objetivo es proteger a los niños, mejorar la salud y poner fin a la falta de motivación.

Noreste

Esta zona alberga la energía de la abundancia y el crecimiento. Pero aquí nada ocurre rápidamente: la forma de actuar de la naturaleza no siempre es veloz. Además, esta región hace que tengas que trabajar para obtener la abundancia. Eres cocreador, y eso quiere decir que debes realizar un esfuerzo. En consecuencia, siempre que estés aprendiendo una nueva técnica o realizando esfuerzos concretos para que la magia se manifieste en la realidad, enciende una vela aquí.

Este

El Este es donde todas las cosas empiezan y rebosa una energía vigorosa. Las personas que dejan todo para el último momento descubrirán que hacer magia con velas en esta región es de gran ayuda para ellas. Además, si hay un proyecto que está encontrando muchos obstáculos, enciende una vela aquí para estimular un poco de actividad.

Sudeste

Ésta es una región sumamente amable que también tiene alguna energía destinada a producir un progreso constante y acompasado. No es una zona de destellos y fanfarria, ni tampoco es un área donde trabajar para obtener resultados rápidos. Más bien, esta energía enfatiza el construir lentamente y con cuidado. Los artistas harían bien en encender una vela aquí para dar a su visión una forma duradera.

Sur

Al igual que el fuego, esta energía es sumamente vibrante y también como el fuego puede calentar y motivar, o quemar y destruir, de modo que úsala con cuidado. Si tu energía se está quedando atrás, o la tenacidad parece escasear, enciende una vela aquí para poner fuego bajo tu espíritu.

Sudoeste

En esta región encontramos consuelo. Si te cuesta deshacerte del estrés o dormir, éste es un lugar excelente para realizar meditaciones a la luz de la vela con un tema relajante.

Oeste

Esta región trae compostura y serenidad. Cuando te parezca que el mundo te bombardea con sus problemas o tensiones, y tu casa esté en el más absoluto desorden, enciende una vela aquí para restaurar la armonía.

Noroeste

La energía en esta parte de una habitación o de una vivienda lleva tu magia a nuevas alturas. La energía positiva florece desde aquí, pero también puede hacerlo la negativa, así que ten cuidado con tus pensamientos y actos mientras trabajas en esta área. En particular, si te está costando hacerte entender, o si tus intenciones están siendo malinterpretadas, enciende una vela aquí y todo se aclarará.

Aplicar las correspondencias de color del feng shui al trabajo con velas

Cada cultura tiene una manera ligeramente distinta de ver el color. Puesto que el feng shui es una filosofía en la misma medida en que es un arte, también tiene ideas específicas acerca de lo que representan los colores. Si estás trabajando con las regiones del feng shui, es lógico que mantengas la congruencia utilizando los colores representativos adecuados, tal como los ofrece este sistema. He aquí una visión general para que la puedas consultar:

Negro: Misterios profundos, claridad intensa, conocer los propios límites, karma, desarrollo personal. Es más eficaz en el punto central de un espacio.

Azul: Elegancia, creatividad, equilibrio, felicidad, belleza, dar generosamente, riqueza literal o figurada. Es más eficaz en el Norte.

Dorado: Riqueza, vitalidad, la antigua sabiduría y poder del dragón. Es más eficaz en el Sur.

Verde: Negocios, toma de decisiones, tenacidad, prosperidad, orden, progreso, armonía, bienestar, buenos consejos. Es más eficaz en el Este.

Índigo: Verdad, honestidad, energía ancestral, previsión, exploración, continuidad del conocimiento (tradición), disciplina. Es más eficaz en el Noreste.

Naranja: Ternura, sagacidad, tiempo, honor, fiabilidad, coherencia, protección, superar el miedo y la confusión, fuerza de voluntad. Es más eficaz en el Sudeste.

Morado: Liderazgo, espiritualidad, humildad, generosidad, paz, satisfacción, abundancia, conocer lo sagrado. Es más eficaz en el Noroeste.

Rojo: Aventura, pasión, perspicacia, felicidad, relaciones largas, generosidad, actividad. Es más eficaz en el Sur.

Rosa: Energías similares a las del rojo, pero más suaves, con más tacto y más sutiles. Usar en el Sur para mayor éxito.

Amarillo: Madurez, conocimiento, deseos, seguridad, cautela, agudeza mental, protección de los espíritus, éxito, compañerismo. Es más eficaz en el Sudoeste.

Blanco: Superar barreras, ser uno con Todo, ciclos, memoria del alma, *chi* personal, niños, viajes. Es más eficaz en el Oeste.

Aplicar las correspondencias elementales al trabajo con velas

Otra manera de aumentar el *chi* cuando estás encendiendo velas es colocar más cantidad del elemento de una región específica. Por ejemplo: sabemos que el Este y el Sudeste son madera, pero ¿qué ocurre si la zona sudeste de tu casa está llena de plástico? Es posible que descubras que estás dependiendo de las tarjetas de crédito. Reemplaza parte del plástico con madera natural y luego enciende una vela para honrar al *chi* y deshacerte de esos intereses crecientes. El color tradicional para la madera es el verde.

En pocas palabras, el fuego reside en la parte meridional de una vivienda o una habitación, de modo que si esa zona de la casa no está recibiendo suficiente luz, es posible que también descubras que tus esfuerzos no están recibiendo mucha atención por parte de los demás. Encender una vela aquí es la manera perfecta de unir el elemento a la región. Los colores tradicionales a usar aquí incluyen el rojo y el morado.

El agua reside en la parte septentrional de una vivienda o una habitación. Cuando tengas la impresión de que tu carrera se está estancando, es el momento de poner más agua en esta zona (por ejemplo, una pecera o una fuente de agua fresca). Desde luego, puedes añadir una velas a este esfuerzo, pero es mejor que sean pequeñas para que la energía del fuego no convierta todo el agua en vapor. Utiliza colores como el azul o el negro.

Las direcciones del metal son el Oeste y el Noroeste. Cuando no hay bastante de dicho elemento en el Oeste, tus hijos pueden enfermar o tener problemas. Si escasea en el Noroeste, es posible que te resulte casi imposible conseguir cualquier tipo de ayuda para un proyecto urgente. Una buena manera de llevar dicho elemento a esos espacios y combinarlo eficazmente con la luz de las velas es conseguir candelabros de metal. Los mejores colores de cera para utilizar con el metal son el blanco, el plateado y el dorado.

Por último, la tierra reside en el Sudoeste y en el Noreste. Demasiado poca en el Sudoeste tiene como resultado una montaña rusa en las relaciones, falta de amor por uno mismo, o tristeza. En el Noroeste las consecuencias son: dificultad para dedicarte a nuevas tareas y falta de concentración o problemas de aprendizaje. Puedes compensar esto llevando un bonito recipiente lleno de Tierra rica para macetas con una vela en el medio (esto hace un recipiente a prueba de incendios) y encendiendo la vela para volver a encaminar la energía. Los colores tradicionales para la Tierra son el marrón, el amarillo y el pardo.

Ahora debería decir que el exceso de un elemento también puede resultar problemático. Por ejemplo:

Fuego: Demasiado fuego en el Sur provoca una concentración enfermiza en el éxito y en la necesidad de reconocimiento, o la posibilidad de recibir atenciones no deseadas. Demasiado fuego en el Sudoeste crea una relación basada en la pasión por encima del amor o, potencialmente, una relación llena de ira. Espiritualmente, la persona rodeada de demasiado fuego tendrá una tendencia a quemarse.

Agua: El exceso de agua inunda, literalmente, las cosas. Cuando hay demasiada en el Norte, tu carrera parece tornarse pantanosa. Si hay un exceso de agua en el Este, las personas que viven en tu casa podrían resfriarse con frecuencia. Espiritualmente, un exceso del elemento agua hace que uno sea soso y se deje influir por los demás con demasiada frecuencia.

Madera: La madera representa la salud, la familia y la riqueza. Si no está equilibrada podrías encontrarte recibiendo visitas de miembros de tu familia política que no quieren irse nunca, o teniendo una prosperidad efímera o cambios extraños en tu salud física. Por otro lado, mucha madera en la sección Noreste podría producir una carrera exitosa en los campos de la educación sanitaria o de la asesoría financiera. Espiritualmente, demasiada madera podría provocar una lucha interna entre las responsabilidades familiares y las necesidades espirituales personales. Asimismo, demasiado poca madera tiende a empobrecer espiritualmente a la persona, porque su concentración suele estar en el sitio equivocado.

Metal: Demasiado metal en el Norte puede hacer que compres muchísimos artículos de joyería u objetos metálicos (en lugar de ahorrar dinero para otras cosas). Puesto que las direcciones del metal son el Oeste y el Noroeste, un exceso de este elemeno puede producir el deseo de tener más hijos de los que uno es capaz de mantener, o que uno coleccione relaciones como quien colecciona monedas. Espiritualmente hablando, demasiado metal puede llevar a una espiritualidad materialista, mientras que demasiado poco podría inspirar un gasto excesivo en chucherías mágicas que en realidad no son necesarias para el crecimiento y la madurez de la persona.

Tierra: La tierra es un elemento que está asociado a la mente consciente (aprendizaje) y a las relaciones. Demasiada tierra suele dar como resultado el síndrome del estudiante perpetuo o una tendencia a aferrarse demasiado porque la necesidad de seguridad en las relaciones es abrumadora. Espiritualmente, cuando hay demasiada tierra podemos centrarnos excesivamente en la lógica y en el mundo concreto y ser incapaces de entrar en contacto con el Espíritu.

Ten en cuenta que los elementos pueden proporcionarte un poco más de flexibilidad en tu trabajo con las velas. Por ejemplo, para aumentar la pasión (fuego) en una relación, podrías encender más velas rojas o moradas en el Sudoeste. O, para dar una base más sólida a dicha relación, podrías encender velas marrones o amarillas aquí para incorporar a la tierra a la ecuación.

El momento para encender las velas del feng shui

Al igual que las tradiciones mágicas, el feng shui considera que cada hora del día apoya a un tipo de *chi* específico. De modo que si quieres mejorar tu trabajo con las velas en regiones específicas realizándolo en el momento adecuado según esta tradición, puedes seguir la siguiente lista:

Fuego (Sur) 12:00 a 15:00 h
Tierra (Sudoeste) 15:00 a 18:00 h
Metal (Oeste) 18:00 a 21:00 h
Tierra (Norte) 00:00 a 03:00 h
Tierra (Noroeste) 03:00 a 06:00 h
Madera (Este) 06:00 a 09:00 h
Madera (Sudeste) 09:00 a 12:00 h

Dicho sea de paso, en el punto de transición (18:00 h, por ejemplo), dos elementos están activos al mismo tiempo, de manera que obtienes la combinación de sus energías. Si estás buscando la energía elemental más pura, ve al punto medio del período de tres horas de dicho elemento. Por ejemplo, la madera para la región Este probablemente estará plenamente activa y limpia alrededor de las 07:30 h.

Como combinación de todo esto en un ejemplo específico, supongamos que quieres recibir reconocimiento por una labor en el trabajo que todo el mundo parece pasar por alto por completo. Esto corresponde a la zona Sur de una habitación o vivienda. De modo que, consigue una vela roja para esta región y enciéndela entre las doce del mediodía y las tres de la tarde, añadiendo los elementos que desees a esta acción (como hacer un conjuro, grabar algo en la vela o un aroma). Ten en cuenta que si enciendes una vela en el inicio de un período elemental, si dejas que arda durante las tres horas completas reforzarás sus efectos (ya que el tres es el número de cuerpo, mente y espíritu).

Los espejos y el feng shui

En el feng shui se suelen utilizar espejos para redirigir la energía hacia donde debería ir. Reconozcámoslo: no todo el mundo puede construir o remodelar una casa siguiendo las mejores indicaciones energéticas posibles. De modo que, si has estado padeciendo problemas económicos y resulta que en tu vivienda el centro de dinero se encuentra en el baño, colocar un espejo encima del inodoro te ayudará a anular las implicaciones negativas de «tirar al retrete» tu prosperidad.

Asimismo, cuando la negatividad parece que entra en tu hogar, proveniente de fuentes externas, no es nada extraño colocar un espejo en una ventana, mirando hacia fuera, y encender una vela ahí. Ambas cosas hacen que las influencias no deseadas se alejen. El único lugar donde no se considera adecuado tener espejos es en el dormitorio (mirando hacia ti mientras duermes). Según la tradición, esto puede hacer que enfermes y te quedes sin recursos.

Manifestaciones físicas de un *chi* desequilibrado

Mientras que la medicina occidental tiende a separar el cuerpo y el espíritu de la persona, los ideales orientales los ven como una unidad íntegra, que funciona conjuntamente. Esto se aplica también a las tradiciones mágicas, de modo que, si el *chi* en la vida de una persona no está funcionando correctamente, es probable que sufra manifestaciones físicas como consecuencia de dicho desequilibrio.

He aquí una breve visión general del tipo de males que suelen desarrollarse cuando el *chi* de una vivienda o una habitación no funciona del todo bien:

Norte: Asma, enfermedades de la sangre, cáncer, problemas digestivos, infecciones del oído, pérdida de audición, acedía, hipo, problemas reproductivos, dolor de muelas o caries, úlceras.

Noreste: Abscesos, bronquitis, estreñimiento, problemas en los dedos, laringitis, obesidad, hemorroides, anginas, nódulos en las cuerdas vocales.

Sur: Problemas óseos, facilidad para tener contusiones, resfriados, depresión, problemas oculares, pelo sin vida y quebradizo, ataques de ansiedad, problemas en las rodillas, sarpullidos, infecciones vaginales.

Sudoeste: Eructos, acidez estomacal, infecciones urinarias, estreñimiento, problemas de riñón, menstruación irregular, problemas pélvicos, problemas nasales.

Este: Pérdida de cabello, granos, inflamación de las articulaciones, mareos, dolor de oídos, problemas en los pies, fiebre, migrañas, herpes labial, sangrado de la nariz, úlceras en la boca, problemas dentales.

Sudeste: Problemas en las piernas y en los tobillos, retención de líquidos, resfriados, alergias, torceduras, hinchazón.

Oeste: Dolor en la parte inferior de la espalda, problemas de equilibrio o perspectiva, problemas de azúcar en la sangre, fertilidad, varices, problemas sanguíneos.

Noroeste: Fiebre, calvicie, infección ocular, desmayos, problemas en el antebrazo, dolor de cabeza, excesiva susceptibilidad al calor, problemas respiratorios, problemas en la columna vertebral, problemas en las muñecas.

¿Cómo puedes utilizar esta información? Bueno, supongamos que has estado teniendo un dolor continuo en la parte superior de la espalda, pero no se te ocurre nada específico que hayas podido hacer para agravarlo. Analiza la zona occidental de tu habitación o de tu casa (especialmente la habitación en la que pasas más tiempo) y observa qué hay ahí. Pregúntate:

+ ¿Hay suficiente metal en esa zona?
+ Si hay una silla en esa región, ¿me sostiene bien la espalda?
+ ¿Quizá debería llevar puestas más cosas de metal (como joyas) durante una época para equilibrar la energía?
+ ¿Debería encender una vela dorada o plateada aquí para que la energía se vuelva a mover en la dirección correcta?

Además, no te olvides de mantener esta región ordenada. El desorden altera el *chi*. Esto no significa que tu habitación o tu casa siempre deban estar como una foto de una revista de decoración. Simplemente quiere decir que deberías hacer un esfuerzo consciente para mantener las cosas colocadas de manera que el *chi* pueda fluir libremente.

Unas palabras de advertencia: estos conceptos no deberían, bajo ninguna circunstancia, sustituir a la atención médica. Si tienes algún problema, por favor, consulta a tu médico. Luego utiliza las velas del feng shui para contribuir a tu salud, al tiempo que sigues las indicaciones del médico.

Territorio neutral

Hasta el momento, no hemos prestado mucha atención al centro de este círculo gigante que hemos creado con los puntos cardinales en una habitación o en una vivienda. Intenta visualizar por un momento qué aspecto tendría una habitación si colocaras velas de feng shui de los colores adecuados en cada una de las ocho direcciones. Esto crea un espacio sagrado, al igual que el hecho de invocar a las regiones mediante tu intención.

El punto central del espacio es un terreno neutral en el que todos los poderes y las energías se pueden mezclar y asociar libremente. Éste es el punto central de un mandala mágico de luz que tú estás creando. De modo que, al menos para las actividades orientadas al feng shui, te recomiendo que coloques tu altar o mesa de instrumentos en el punto central.

Adicionalmente, este punto se presta para algunas funciones específicas. Por ejemplo, cuando necesites equilibrio y simetría, éste es el lugar idóneo para realizar la magia. Cuando la igualdad no esté funcionando en una relación, o cuando necesites un terreno neutral en el que solucionar un problema, una vez más, vuelve al centro. En este lugar, más allá del tiempo y el espacio, puedes empezar a «comprender» la existencia y, también, limitarte a simplemente ser.

Qué se puede esperar

El feng shui es una forma suave de transformación. Toda una vida vivida sin armonía con el *chi* no se puede arreglar de la noche a la mañana. Encender velas y ser más consciente de los elementos que hay en tu espacio, por supuesto, te encaminará hacia una vida más feliz, más sana y más centrada en la espiritualidad, pero no esperes resultados instantáneos o sumamente llamativos. Sencillamente, ésa no es la manera de funcionar de este sistema.

Recuerda, también, que el feng shui es tanto un proceso interior como una actividad exterior. Nuestro espíritu es un ambiente, del mismo modo que una habitación también lo es. Si no estás dispuesto a encender en sentido figurado una vela en tu interior, los esfuerzos externos serán bastante fútiles. Tómate tu tiempo para examinar tu corazón y acabar con el desorden que hay ahí también. Del mismo modo que el desorden en una habitación trastorna el fluir del *chi*, los corazones y los espíritus desordenados no pueden aceptar y dirigir fácilmente ese fluir.

El equilibrio es la clave: equilibrio y ritmo, dejando que el cambio gradual tenga lugar en el interior y en el exterior. Dicho esto, incluso los resultados del cambio gradual pueden ser bastante asombrosos. Es posible que descubras que una casa que solía estar llena de tensiones se vuelve más tranquila, adquiriendo una sensación de calma, o que tú mismo te alteras menos con la vida. El acto intencionado de elegir una vela, llevarla a un área y encenderla ha hecho mucho más que añadir un poco de iluminación. Ha modificado tus pensamientos, los cuales, a su vez, cambian tu energía áurica. ¡Eso es magia!

7   Velas astrológicas

*Los ideales son como estrellas: no conseguirás tocarlos
con las manos, pero como el marinero en el desierto oceánico
de las aguas, tú los eliges para que sean tus guías
y, al seguirlos, alcanzas tu destino.*
CARL SCHURZ

Cualquiera que haya leído alguna vez un horóscopo en el periódico ha estado expuesto a la astrología. Las evidencias históricas indican que este tipo de lectura natural de presagios se originó alrededor del año 2000 a. C. en la región de Babilonia. No obstante, tuvieron que pasar casi dos mil años para que este arte se refinara hasta llegar al punto en que el cielo fue dividido en 12 partes (el zodíaco) y se empezara a utilizar extensamente por el mundo conocido como un mapa celestial y un instrumento de predicción.

La astrología es un arte muy complejo que basa sus predicciones en el momento del nacimiento de la persona en relación con los cuerpos celestiales en ese marco temporal. Se dice que los astrólogos, observando dónde está ubicado cada planeta en la carta de un individuo, pueden averiguar sus características, tendencias, mejores caminos profesionales, e incluso algo de lo que le deparará el futuro. En consecuencia, lo que nos llega de la astrología en forma de horóscopos genéricos es, en el mejor de los casos, una generalización excesiva.

Para el propósito de este libro, me gustaría examinar la combinación de la astrología y la magia con velas desde tres perspectivas. La primera es utilizar las velas según el signo de nacimiento de la persona, la segunda es realizar la magia durante signos lunares específicos, y la tercera es combinar la magia con velas con el valor simbólico de otros objetos y acontecimientos celestes. Creo que éstos son los elementos más normales que se pueden añadir a la magia y los que se aplican con mayor facilidad sin necesidad de reunir una gran cantidad de información o cálculos astrológicos.

Signos de nacimiento

¿De qué signo eres? Esta pregunta se ha convertido en una broma, como una forma de ligar anticuada y bastante poco exitosa. Pero para mucha gente la astrología no es ninguna broma. Algunas personas la utilizan para planificar días, semanas e incluso años enteros para intentar trabajar con la energía del universo de una forma más eficaz.

Si no estás familiarizado con la energía asociada a los signos específicos, esto te ayudará:

Correspondencias astrológicas de los signos natales

Aries: Espíritu de aventura, firmeza, conciencia de uno mismo.

Tauro: Diligencia, determinación, devoción, conciencia de la propia suerte.

Géminis: Carácter reflexivo (ponderar), sociabilidad, conciencia de la diversidad.

Cáncer: Inventiva, energía de hogar, dedicación, conciencia de la naturaleza emocional.

Leo: Carisma, valentía, vehemencia, conciencia del poder de la voluntad.

Virgo: La mente consciente, lógica, responsabilidad, conciencia del valor del análisis.

Libra: Paz, simetría, belleza, buenos modales, conciencia del equilibrio en todas las cosas.

Escorpio: Creatividad, espíritu competitivo, sentimientos profundos, conciencia de cómo ejercer la brujería.

Sagitario: Pensamiento libre, extroversión, conciencia de visiones que despiertan.

Capricornio: Fidelidad, sensibilidad, moderación, gentileza, conciencia de cómo utilizar cualquier cosa de forma eficaz.

Acuario: Originalidad, optimismo, entusiasmo, conciencia del poder del conocimiento.

Piscis: Adaptabilidad, benevolencia, empatía, instinto, conciencia de la naturaleza trasformadora de la fe.

Siempre me ha encantado el hecho de que «horóscopo» signifique «observador del tiempo». Ésta es una descripción muy precisa, especialmente porque lo que estamos haciendo es observar el momento del nacimiento de una persona para determinar cuál es el color más idóneo para la vela que utilizaremos en nuestra magia. Sólo hay un problema con esta idea: ¡durante mi investigación descubrí que varias culturas e individuos han interpretado los colores de distintas formas! Esto me enfrentó a la difícil tarea de decidir qué información transmitirte como punto de referencia.

Con la finalidad de facilitarte un poco las cosas, decidí hacer una lista de los colores astrológicos más nombrados (en otras palabras, los que aparecían en más de una lista de correspondencias para un signo específico). A partir de ahí, debes dejar que el tema de la magia y tu instinto te guíen en el proceso de tomar la decisión.

Colores astrológicos

Nota: Al elaborar la lista de colores, coloqué en primer lugar el tono que aparecía en más ocasiones durante mi investigación, seguido de los colores secundarios.

Aries (21 de marzo al 19 de abril): Rojo, rosa.

Tauro (20 de abril al 21 de mayo): Verde, amarillo, rosa, azul pálido.

Géminis (22 de mayo al 21 de junio): Amarillo, violeta, rojo.

Cáncer (22 de junio al 22 de julio): Colores pastel, plateado, gris, verde.

Leo (23 de julio al 23 de agosto): Dorado, naranja, rojo, verde.

Virgo (24 de agosto al 23 de septiembre): Azul, gris, verde, violeta, dorado, amarillo.

Libra (24 de septiembre al 23 de octubre): Rosa, azul, amarillo, verde pálido, azul pálido.

Escorpio (24 de octubre al 22 de noviembre): Rojo, negro, granate, marrón.

Sagitario (23 de noviembre al 21 de diciembre): Morado, azul oscuro, dorado, rojo.

Capricornio (22 de diciembre al 20 de enero): Marrón, azul marino, verde oscuro, rojo.

Acuario (21 de enero al 19 de febrero): Azul eléctrico, índigo, lavanda, verde.

Piscis (20 de febrero al 20 de marzo): Verde, turquesa, violeta pálido, blanco, malva.

La siguiente pregunta obvia es cómo aplicar estos conocimientos a la magia con velas. Aquí tenemos varias ideas:

✢ Durante cualquier técnica con velas, debes tener al menos una vela de color con un tono astrológico que apoye a tu signo natal (podría representarte durante el proceso).

✢ Enciende una vela de un color apropiado en el día de tu cumpleaños, pues ello acentúa todos los mejores atributos de tu signo natal en ti.

✢ Cuando hagas magia para otra persona, elige una vela cuyo color sea adecuado para su signo natal.

✛ Cuando necesites unas cualidades específicas que pertenecen a otros signos astrológicos, elige velas cuyos colores puedan representarlos y utilízalas para trabajar.

✛ Cuando estés intentando activar las mejores cualidades de tu signo en tu vida y alrededor de ella, medita con una vela cuyo color lo represente.

✛ Elige una vela de nacimiento cuyo color también tenga un valor simbólico para el hechizo o ritual. Por ejemplo, si tu signo natal es Piscis, podrías elegir una vela de color morado pálido cuando trabajes con temas de desarrollo espiritual, o una vela verde para la prosperidad.

✛ Por último, enciende una vela de un color apropiado para honrar la llegada de los nuevos signos de nacimiento a lo largo del año. Simbólicamente, esto representa el movimiento de todas las cosas, tanto en la Tierra como en el universo. Dicho sea de paso, si puedes tener unas velas pilar puestas en un círculo (como la cara de un reloj) para este propósito, darán un toque realmente bonito al altar o al espacio sagrado. Y hay algo todavía mejor: puesto que volverás a utilizar esas velas cada año, ¡su energía positiva continuará creciendo!

Combinar astrología, velas y aromas

Nuestros sentidos nos ayudan a dar una mayor dimensión a la magia, de modo que añadir las asociaciones aromáticas correctas a tus velas (ungirlas con aceite), a la habitación (con incienso) o incluso a tu persona (colonia, perfume, o lo que sea) para los procesos mágicos tiene mucho sentido.

He aquí una tabla de algunos de los aromas cuyas energías apoyan a esos signos natales específicos:

Aromas astrológicos

Aries: Canela, clavo de especia, pino, almizcle.

Tauro: Manzana, lila, tomillo, rosas, vainilla.

Géminis: Eneldo, almendra, menta.

Cáncer: Eucalipto, jazmín, limón, sándalo.

Leo: Laurel, angélica, salvia, incienso.

Virgo: Cedro, lavanda, naranja, romero.

Libra: Geranio, bergamota, primavera, tomillo.

Escorpio: Albahaca, pachulí, pimienta inglesa, violeta.

Sagitario: Cedro, jengibre, naranja.

Capricornio: Pachulí, vetiver, madreselva.

Acuario: Anís, almendra, lavanda, pino, menta.

Piscis: Pasionaria, nuez moscada, limón, jazmín.

Añadir aromas a tu magia con velas es en realidad bastante fácil. Puedes:

✛ Ungir la vela de color astrológico con un aroma que apoye a dicho signo.

✛ Ungir la vela de color astrológico con un aroma que represente a otro signo para mezclar la energía asociada a él.

✛ Ungir una vela blanca con un aroma astrológico si no dispones de una vela del color apropiado.

✛ Ungir una vela blanca con un aroma astrológico que represente a la persona o situación a la que estás dirigiendo la energía.

✛ Quemar incienso en lugar de ungir la vela (o como apoyo aromático adicional).

✛ Ponerte aceites del aroma apropiado o bañarte en ellos y así incorporar al trabajo la energía de tu aura.

✛ Dar a las bombillas de tu casa un ligero toque del aroma adecuado para encender dicha energía cuando más la necesites. Ten en cuenta que la bombilla es la versión moderna de la vela.

Por último, considera la posibilidad de poner incienso en un alféizar o dar un ligero toque de aceite al borde de una ventana. Los rayos del Sol son otro tipo de fuego que puede activar tu energía cuando no tengas una vela o no sea seguro utilizarla.

Combinar astrología, velas y cristales

En el primer capítulo hablé de hacer velas que tuvieran un cristal en la base, o cristales pulverizados en la cera, o que estuviesen decoradas en el exterior con cristales. Aquí tienes otra oportunidad para poner esas ideas en práctica. En esta ocasión, elabora tus velas astrológicas con un cristal que proporcione una energía adicional para el propósito que tengas en mente. Utiliza la siguiente guía:

Correspondencias astrológicas de rocas y metales

Aries: Rubí, jaspe rojo, cornalina, coral, diamante, sanguinaria, granate, oro, bronce.

Tauro: Esmeralda, topacio dorado, lapislázuli, jade, azurita, ágata, plata, oro, cobre.

Géminis: Cristal, aguamarina, alejandrita, berilo, perla, ágata, aventurina, oro, plata.

Cáncer: Rubí, labradorita, perla, turquesa verde, plata, berilo.

Leo: Ámbar, sardónice, rubí, jacinto, peridoto, cornalina, topacio, oro.

Virgo: Jaspe rosado, rodocrosita, azurita, zafiro, zafiro de estrella, aventurina, oro.

Libra: Ópalo, ágata de fuego, ágata, turmalina, lapislázuli, turquesa.

Escorpio: Topacio, granate, coral, rubí, circón, oro, kunzita, plata.

Sagitario: Amatista, malaquita, circón, turquesa, plata, sugilita, oro, cobre.

Capricornio: Ónice, cuarzo, berilo, azabache, granate, obsidiana, hematites, oro, plata.

Acuario: Zafiro azul, lapislázuli, aguamarina, amatista, azabache.

Piscis: Diamante, turquesa, jade, turmalina, sanguinaria, amatista, sugilita, plata.

Utiliza esta información de una manera semejante a la descrita para los aromas y los colores. Por ejemplo, si pertenecieras al signo de Acuario y quisieras hacer una vela para acentuar las mejores características de dicho signo, probablemente la harías con cera de lavanda (perfumada con lavanda) y la decorarías con una amatista o un lapislázuli. Otro ejemplo sería que alguien del signo de Aries hiciera una vela roja perfumada con canela y decorada con una sanguinaria. En ambos ejemplos, fíjate que hay una armonía entre los tres componentes elegidos (el color de la cera, el aroma y el cristal) y sus asociaciones mágicas tradicionales. Si por alguna razón no deseas poner cristales en la cera, simplemente puedes colocar la piedra en tu altar, junto con la vela, y luego llevarla contigo para que la magia te acompañe. Otra alternativa es encontrar candelabros que tengan incrustados los cristales adecuados para crear una base de vibraciones positivas con las que la vela pueda arder.

La magia de la Luna

Hay un viejo dicho según el cual las brujas obtienen su poder de la Luna. Existen varios motivos para esta creencia, uno de ellos que en la Antigüedad la Diosa solía estar asociada a la Luna. De modo que no nos sorprende descubrir que, según dicen, cuando la Luna pasa por los signos del zodíaco ejerce una influencia específica sobre las energías de cada uno de ellos.

Para utilizar de una manera eficaz la información que estoy a punto de ofrecer, necesitarás un buen calendario astrológico que indique los signos lunares. De ese modo podrás hacer coincidir tus prácticas de magia con el signo lunar más adecuado para tus objetivos. Aunque, no es necesario hacerlo siempre, puedes pensar en las influencias celestes como otro sistema de apoyo para tu magia. Cuando la Luna está en el lugar apropiado para el trabajo adecuado, ayuda a la manifestación (hay más ideas sobre el tema en el capítulo 1).

Luna en Aries	Purificación, superar obstáculos, desarrollar habilidades o talentos, liderazgo, valentía.
Luna en Tauro	Inventiva, eficiencia, fortaleza, alivio o consuelo, la musa, encanto, pensamiento racional.
Luna en Géminis	Modificación, superar malos hábitos o formas de pensamiento negativas, transformación, adaptabilidad.
Luna en Cáncer	Ingenio, abundancia, magia de la Luna, sensibilidad, romance, magia con agua.
Luna en Leo	Aprender (especialmente una técnica), desarrollar características personales, lealtad, valentía, honor.
Luna en Virgo	Fertilidad, prosperidad, éxito, sensación interior de paz, sentido práctico.
Luna en Libra	Simetría, percepción, veracidad, justicia, toma de decisiones.
Luna en Escorpio	Energía, pasión, habilidades sexuales y atractivo sexual, transformar la energía negativa, carisma, apertura emocional.

Luna en Sagitario	Anclaje, moderación, dominio de uno mismo, magia orientada a un objetivo, honestidad, fuerza de voluntad, franqueza, tolerancia, igualdad, optimismo.
Luna en Capricornio	Encontrar secretos o asuntos ocultos, recoger, desarrollo espiritual, paciencia, persistencia.
Luna en Acuario	Idealismo, caridad, empatía, bondad, inspiración, alegría, aventura, socialización.
Luna en Piscis	Acción, progreso, desarrollar el instinto o hacer caso de él, creatividad, psiquismo, compasión, romance.

No olvides que puedes combinar fácilmente estos conocimientos con una vela de un color, un aroma o una decoración específicos para aumentar la energía. Por ejemplo, si estás haciendo magia para el autocontrol cuando la Luna está en Sagitario, tiene sentido que utilices una vela morada (buena para la introspección), aceite de jengibre (para la energía) y un candelabro de cobre. Da la casualidad de que estas tres cosas también están asociadas al signo de Sagitario. Otro ejemplo sería usar una vela de color rosado (para el amor hacia uno mismo), ungida con aroma de bergamota (éxito) y decorada con una turquesa (seguridad) para restablecer la armonía interior cuando la Luna está en Virgo. Como puedes ver en estos ejemplos, no sólo estoy usando el simbolismo astrológico de los elementos adicionales para ayudar a la magia, sino que también estoy utilizando sus asociaciones metafísicas tradicionales, y todo esto combinado funciona de maravilla. Ésta es sólo una manera más de añadir un toque personal a tu magia.

Otras ayudas celestes

Es obvio que la Luna no está sola en el cielo nocturno y, en consecuencia, muchas creencias mágicas eran atribuidas a otros cuerpos y fenómenos celestes. Aquí te presento algunos para tu consideración en los momentos en que sientas que tu magia necesita un empujoncito adicional.

Aurora boreal:

En los climas del Norte, la aparición de la aurora boreal suele anunciar buena suerte o empresas heroicas. Si por casualidad la ves alguna noche, enciende una vela para aumentar la fortuna o la fama.

Constelaciones:

Para nuestros antepasados, las constelaciones eran como enormes libros de cuentos en el cielo y, por lo que sabemos, muchos de ellos se convirtieron en la base de nuestros sistemas astrológicos actuales. Cuando reconoces una constelación en el cielo y tiene un significado específico para ti, honra ese momento con una vela y con uno o dos hechizos. Por ejemplo, cuando Hércules sobresalga en el cielo nocturno podrías hacer magia con velas para el éxito y la victoria, o cuando aparezca Aquilla (el águila) podrías hacer magia para el honor y para una perspectiva más elevada. Busca en los periódicos locales mapas de estrellas que puedan servirte como guía para saber dónde puedes encontrar éstas y otras constelaciones simbólicas en el cielo nocturno.

Eclipse:

Un practicante de magia no podría desear un símbolo mejor de un lugar intermedio: entre el pensamiento y la acción, entre el sonido y el silencio y, más importante todavía, entre los mundos. Enciende una vela durante un eclipse para traer más equilibrio a tu vida, o cuando necesites ayuda para adaptarte a cambios importantes.

Estrellas fugaces (cometas y meteoritos):
Tradicionalmente, siempre se pide un deseo cuando uno ve una estrella fugaz. Aparte de esto, se suele creer que las estrellas y cometas fugaces anuncian acontecimientos importantes. Cuando veas una, enciende una vela y susurra tu deseo al universo. O enciende una vela y pregúntale al Espíritu a qué deberías prestar más atención en esos momentos. ¡Recuerda que debes escuchar para recibir la respuesta!

Planetas:
Hay algunos planetas que pueden verse a simple vista, en concreto Venus. Sin embargo, dicen que incluso aquellos que no podemos ver influyen en nuestras vidas. En particular, tanto en los sistemas antiguos como en los modernos, se ha planteado que cada planta de la Tierra está gobernada por uno de los planetas. Esta energía regente afecta también a los atributos espirituales de la planta.

¿Qué significa todo esto para la magia con velas? Pues bien, si el mapa que aparece en el periódico muestra a un planeta suspendido en el cielo nocturno de tu región, enciende una vela para honrar su influencia y su energía (especialmente si es la que tú necesitas). He aquí una visión general de las características de cada planeta:

Mercurio	Comunicación, aprendizaje, comercio, negocios, enseñanza, impresiones públicas.
Marte	Espíritu guerrero, agresividad, victoria. Salud y sanación, integridad, protocolo.
Júpiter	Meditación, reflexión, introspección, con-
Saturno	centración.

	Relaciones (especialmente de amor), éxito,
Venus	creatividad, la musa, espontaneidad.

Nota: El motivo por el cual el resto de planetas no está incluido aquí es porque todavía no habían sido descubiertos en la época en que se iniciaron estas clasificaciones.

Sol:

A menudo pasamos por alto al Sol porque lo vemos a diario y nos parece que no cambia. Sin embargo, gracias a la ciencia, sabemos que el Sol está rebosante de energía transformadora y que «poder» es la palabra clave para este cuerpo celeste. El Sol, en particular, representa el aspecto Dios, las cualidades de liderazgo, la lógica, la nobleza, la sabiduría, la independencia, la comprensión, la fuerza y la victoria. Encender velas en días como el solsticio de verano o en momentos como el mediodía, cuando el Sol está fuerte, acentúa estas características.

Además, como dije antes brevemente en este capítulo, el fuego del Sol puede ser un sustituto de una vela durante las horas del día. Después de todo, las velas fueron inventadas para ser soles sustitutos durante la noche, ¡de modo que darle la vuelta es un juego limpio!

Aunque sé que no todo el mundo puede programar la magia con velas de acuerdo con la posición de los planetas, ni utilizar todos los elementos de valor simbólico que los signos ofrecen, es bueno disponer de la información. Esto nos ofrece una mayor flexibilidad y, además, nos hace conscientes de que hay pocas cosas en la Tierra o en el cielo que no puedan usarse para la magia, cuando las comprendemos y las honramos.

Días festivos, fiestas, dioses y diosas

*Si tienes conocimientos,
deja que los demás enciendan sus velas ante ellos.*
MARGARET FULLER

Ningún libro sobre magia está del todo completo si no dice algo sobre los días festivos, las costumbres y los numerosos rostros del Espíritu venerados por los paganos. La magia es un tradición alegre que tiene muchas fiestas, las cuales conmemoran una serie de cosas: las estaciones, momentos importantes de nuestras vidas, acontecimientos mundiales, dioses y diosas, etc. Pero, en ocasiones, la parte más importante de una práctica no es el tema, sino el hecho de dedicar un tiempo a recordar quiénes somos y de dónde venimos, y a pensar un poco hacia dónde nos dirigimos como buscadores espirituales.

Asimismo, encender velas para los dioses y las diosas, o simplemente para el Espíritu, tiene un valor porque actúa como un reconocimiento y, al mismo tiempo, como una invitación. Cuando encendemos una vela estamos diciendo: «Yo creo»; estamos abriendo una puerta interior a través de la cual el Espíritu puede hablar e interactuar con nosotros en cada momento, todos los días.

Días festivos, fiestas y prácticas

Las fiestas representan una parte importante de la vida cotidiana: el día de nuestro nacimiento, un aniversario, personas sabias que nos conmueven, etc. Si consideramos cuán importantes han sido las velas en la religión y en la vida cotidiana, no nos sorprende descubrir que han estado participando en fiestas de los dos ámbitos durante miles de años. Encender velas en esos acontecimientos representaba algo: una conmemoración o una celebración, una forma de honrar nuestra humanidad y de expresar nuestra conexión con lo sagrado.

Cuando sepas en qué fiestas se utilizaban velas comúnmente, y por qué, podrás aplicar esos conocimientos a tu propia magia. ¿Cómo? ¡Haciendo que tu trabajo con las velas coincida con una fiesta específica cuyo tema respalde tu magia!

Fiestas con velas

Carnaval (febrero): Por todas partes Europa, ésta era una época de diversión antes de la llegada de las restricciones de la Cuaresma. Tradicionalmente, la gente llevaba velas cuando se insinuaba a las personas que encontraba atractivas.

Candelaria (2 de febrero): La Candelaria, un momento para la iniciación en algunas tradiciones mágicas, es una manera de dar fuerza al Sol cuando la oscuridad todavía está presente. Además, nos recuerda que el espíritu interior siempre está ardiendo y brillando con fuerza. En consecuencia, tradicionalmente, siempre se cubre el altar con una colección imponente de velas, al igual que el círculo.

San Valentín (14 de febrero): Esta celebración se remonta a las antiguas fiestas romanas de la fertilidad. En la actualidad seguimos honrando el espíritu del amor, a menudo con cenas románticas a la luz de las velas.

Fiesta de Vesta (2 de marzo): Una celebración romana de la diosa que protege los fuegos sagrados. Empezar a hacer una nueva vela para el hogar en este día es muy apropiado para la ocasión.

Fiesta de la diosa de la Luna (31 de marzo): Fiesta romana. Enciende 13 velas en este día para honrar a cada una de las 13 lunas llenas del año y para llevar luz y plenitud a tu vida.

Fiesta de los barcos (principios de abril): Una fiesta francesa durante la cual la gente deja pequeños barcos con velas en las aguas de un río y pide un deseo. Cualquiera que encuentre uno de estos barcos después de la fiesta ¡tiene garantizada la buena suerte!

Nacimiento de Buda (8 de abril): Una fiesta para honrar a este maestro. Enciende ocho velas para recordar e integrar el camino óctuplo que conduce a la iluminación.

Fiesta de Ishtar (22 de abril): En este día se honra apropiadamente a esta diosa del amor, la vida y la luz en Babilonia encendiendo velas y disfrutando de un poco de pasión desenfrenada.

Beltane (1 de mayo): También conocida como *May Day*. En este día celebramos nuestra propia fertilidad y la de la Tierra. Tradicionalmente, Beltane es una fiesta del fuego que se completa con hogueras, por si no puedes hacer una, enciende algunas velas.

Bon Dea (3 de mayo): Una celebración romana con abundantes bendiciones. En este día, salta encima de una vela para tener suerte y purificación.

Las tres Marías del mar (finales de mayo): Fiesta francesa celebrada por los gitanos, que honra los tres rostros de la diosa con bailes, adivinación, canciones y velas encendidas.

Nacimiento de las musas (14 de junio): Una celebración griega que podemos conmemorar encendiendo nueve velas, una para cada musa (canciones épicas, historia, canciones líricas, comedia, tragedia, danza, poesía erótica, música sagrada y astronomía). O simplemente enciende una vela para la musa que más desees incorporar a tu vida.

Solsticio de verano (21 de junio): Enciende una vela flotante justo después del amanecer y déjala ir en un río, un lago o un mar, junto con un deseo. Luego deja que la luz del verano le dé poder a ese deseo.

Día de la buena suerte (24 de junio): Enciende tres velas en este día, una para cada uno de los tres destinos y reza para que tu suerte mejore.

Nacimiento de Isis (15 de agosto): La diosa egipcia Isis es una de las figuras divinas más completas en la historia del mundo. Dicen que si enciendes una vela en este día tus viajes estarán bendecidos, especialmente los viajes en barco.

La fiesta de Ilmatar (26 de agosto): Esta diosa finlandesa creó el mundo. Hónrala encendiendo seis velas doradas en las que hayas grabado imágenes de huevos para traer su inventiva a tu vida.

Fiesta del fuego (15 de septiembre): Se trata de una fiesta egipcia en la que se encienden todas las fuentes de fuego, incluyendo velas, para honrar a Dios y a los espíritus de los antepasados.

Durga Puja (25 de septiembre): Festival indio para la diosa que protege a nuestros seres queridos. Hónrala con una vela amarilla.

Halloween (31 de octubre): Las velas colocadas dentro de las calabazas señalan a esta fiesta como una forma de ahuyentar a los malos espíritus y dar luz a la noche. En México, la gente adorna sus ventanas y aceras con velas para invitar a los espíritus de los niños a entrar en las casas en este día, cuando el fino velo que separa los mundos permite una visita.

Loy Krathong (9 de noviembre): Ésta es una fiesta tailandesa durante la cual se encienden velas en barcos hechos con hojas de plátano que se depositan en el río con un deseo. Si la vela se mantiene encendida hasta que el barco abandona el lugar, se dice que el deseo se hará realidad.

Fiesta de Hécate (16 de noviembre): Esta fiesta proviene de Grecia y es un momento para honrar a la patrona de las brujas. Enciende una vela en un cruce de caminos para conmemorar este día.

Diwali (16 de noviembre): Esta fiesta viene de la India y honra a Lakshmi, una diosa de la riqueza. Su camino hacia el interior de las viviendas siempre es iluminado con velas, especialmente de tonos dorados.

Día de Lucy (13 de diciembre): Fiesta sueca, durante la cual la hija mayor de la casa lleva una corona de velas parar honrar a la diosa del Sol, Lucina.

Solsticio de invierno (21 de diciembre): Una fiesta de luces en el mundo entero. Antiguamente, los paganos colocaban velas en los árboles, junto con otros regalos, para dar fuerza a los espíritus de la naturaleza, cuya energía disminuía en esta época del año debido a las noches más largas y al invierno.

Esto no es más que una pequeña muestra de la rica colección de fiestas y días festivos que existen del mundo. Hay, literalmente, miles, muchas de las cuales usan velas para iluminar el camino hacia un mañana mejor.

La luz del dios/diosa

Prácticamente todas las civilizaciones del mundo entero han tenido una diosa que estaba representada por la luz: luz en la oscuridad, la luz que destierra las sombras, la luz del mundo. Esto tiene mucho que ver con el Sol y con el hecho de que para la gente de la Antigüedad la vida era mucho más segura durante el día. El poder del simbolismo de la luz ha permanecido con nosotros. Además, no sólo lo divino está representado por este brillo poderoso y cálido, sino también el alma humana. Esto nos recuerda que una chispa de nuestro ser también es divina, del mismo modo que cualquier niño alberga parte del código genético de sus padres.

En el contexto de este libro, se pueden utilizar velas en relación con dioses y diosas de diversas maneras. Al principio, ya comentamos el uso de una simple vela blanca como una representación genérica de la presencia divina en tus rituales y la elaboración de tus hechizos, pero esta idea tiene un gran potencial que puede ser elaborado y personalizado aún más. Puedes honrar a un dios o una diosa en particular en tu espacio sagrado usando una vela con un aroma, color o grabado específico.

He aquí una lista de deidades de todo el mundo y algunos de los aromas, colores o símbolos de fácil grabado con los que están asociadas:

Asociaciones simbólicas, de color, o de aroma, de los dioses y diosas

Aegir (alemán): Un dios del mar que trae vientos tranquilos. Su color es el dorado. Usa aromas acuosos como el limón para honrarlo.

Agni (hindú): Dios del fuego cuyos colores son el dorado o el rojo. Sus símbolos incluyen a un águila. Usa un candelabro de madera y apaga la vela con agua para honrarlo.

Amitabha (chino): Dios del cielo y la luz que mora en el Oeste. Su color sagrado es el rojo y su representación simbólica tradicional es un loto o un pequeño cuenco. El loto es también un aroma adecuado para quemar si deseas honrar a este dios.

Amun Ra (egipcio): Dios Sol cuyo color es el dorado. Sus aromas incluyen el almizcle y el cedro. Preparar una vela con decoraciones de turquesa o amatista puede ayudar a honrarlo.

Afrodita (griega): Diosa de la pasión y el sexo. Usa una vela de color cobrizo ungida con aceite de rosas para honrarla.

Apolo (griego, romano): Dios de la luz, la verdad, la creatividad y la comunicación. Un arco es un símbolo adecuado para él, y los aromas incluyen la canela y el laurel.

Baldur (escandinavo): Dios de la sabiduría y la bondad. Su color es el amarillo o el dorado, y su símbolo es el del signo zodiacal de Géminis.

Brahma (hindú): Una fuerza creativa y artística, el color de Brama es el amarillo o el azafrán. Sus símbolos incluyen una rueda (o un círculo; un aceite adecuado para ungir sus velas sería el de cedro.

Brighid (irlandesa): Diosa de los bosques, la fertilidad y la inspiración. Sus colores son el blanco y el dorado.

Caliste (griega): Diosa de la Luna, representada por una vela plateada en la que está grabada la imagen de una rueda.

Cerridwen (galesa): Diosa de la inspiración y la providencia, representada típicamente con colores oscuros y un caldero.

Chandra (hindú): Dios de la Luna, cuyo color es el plateado o el blanco. Utiliza aroma de almendra o aloe para ungir tus velas, y hazlo a plena luz de la Luna para honrarlo.

Cupido (romano): Dios del amor, el cual puede ser representado adecuadamente con un apasionado color rojo o un arco y flecha.

Dharma (hindú): Espíritu de la ley y la conducta, cuyo color es el azul y cuyo símbolo es un trébol.

Dionisio (griego, tracio): Dios de los bosques y de la fertilidad. Unge sus velas con vino o graba en ellas la imagen de unos cuernos.

Diana (romana): Diosa de la naturaleza y de la Luna. Su color es el blanco, un aroma adecuado para ella es el de almendra y sus símbolos incluyen el arco y la flecha.

Dolma (tibetana, nepalesa, mongol): La diosa que encarna lo mejor de todos los rasgos, sabia y sensual. Su color es el blanco, su aroma el del loto, y puede ser representada por una simple estrella.

Ea (babilonio): Dios de la sabiduría, las artes mágicas, la adivinación y el agua. Para invocarlo, usa velas de color azul o verde azulado grabadas con la imagen de una ola.

Erzulie (haitiana): Diosa protectora del amor. Uno de sus colores es el azul, y cualquier aroma acuoso es apropiado para venerarla.

Fortuna (romana): Diosa del destino. Su color es el dorado y sus símbolos incluyen una rueda, una esfera y una cornucopia.

Ganesh (hindú): Dios de la suerte, la afluencia, la sagacidad y la escritura. Unge tus velas con aroma de jazmín y decóralas con un cristal de cuarzo.

Hator (egipcio): Diosa de las mujeres, ella encarna todas las cualidades femeninas. Uno de sus colores es el bronce y su símbolo es una vaca. Unge tus velas con aceite de rosas o de sándalo para honrarla.

Hiribi (hitita): Un dios lunar que también representa la cosecha abundante. Hónralo con cera blanca, plateada o del color de la cosecha.

Hipno (griego): Dios del sueño. Hónralo con colores oscuros (morado intenso, azul oscuro, negro) o grabando un ojo cerrado en la cera de la vela.

Indra (hindú): Dios de la victoria, la batalla y la lluvia. Usa cedro como aroma o la imagen de un trébol.

Iris (griega): Diosa del arco iris. Su símbolo es tanto el arco iris como el bastón. Encuentra para ella una vela multicolor.

Kan (maya): Dios del Este; su color es el amarillo. Coloca una vela amarilla en la región oriental de tu círculo cuando invoques la energía de dicho punto cardinal.

Kataragama (Ceilán): Un dios mayor cuyo color es el rojo.

Kundalini (hindú): La fuerza vital femenina del universo, siempre cambiando y transformándose. Su aroma es el del loto y su color es iridiscente o con tonos del arco iris.

Ma'at (egipcia): Diosa de la ley y la justicia. Su color es el rojo y su símbolo es una pluma.

Manabozoho (algonquino): Dios/héroe que creó la escritura y protege a muchas artes. Coloca una vela de color amarillo pálido o rosa para él en el Este (similar a los colores del amanecer).

Mari (vasca): Reina suprema de los cielos cuyos símbolos son un caballo o una hoz, y cuyos colores son el banco o los tonos del arco iris.

Marte (romano): Dios de la guerra, la valentía y la victoria. Su color es el rojo, sus símbolos incluyen una espada y su aroma debería ser muy intenso (como el jengibre). Utiliza un candelabro de hierro cuando trabajes con esta energía.

Meret (egipcia): Diosa de la canción y la felicidad. Su color es el dorado.

Mitra (persa): Dios de la ética, la luz, la victoria y el Sol. Su color es el dorado.

Murukan (hindú): Un dios de la caza y de la energía del guerrero. Su color es el rojo y su emblema es un gallo o una lanza.

Neptuno (romano): Dios del mar y de todo lo que ahí habita (patrón de los marineros). Las velas apropiadas incluyen aquellas hechas de cera dorada, azul o verde azulada ungida con mirra y grabada con el símbolo de un pez.

Nike (griega): Diosa de la victoria. Uno de sus colores es el verde esmeralda, su aroma es el de rosas y su símbolo es una hoja de palma o un ala.

Oannes (babilonio): Dios de la sabiduría. Usa velas moradas o azules para representarlo, con la imagen de un pez grabada en ellas.

Odín (escandinavo): Dios de la magia, la musa, la inteligencia y la guerra. Hónralo en el espacio sagrado con una vela decorada con una turquesa y ungida con aceite de almizcle.

P'an-ku (chino): Dios del equilibrio y el orden. Graba la imagen de un huevo en tu vela para honrarlo, o el emblema del *yin-yang*.

Papa (polinesia): La madre Tierra, cuyos colores son el plateado y el dorado. Usa una vela de arena para representarla.

Quetzalcóatl (azteca): Dios de la fertilidad, la sabiduría, el sentido práctico, el conocimiento, la vida y los vientos, a menudo es representado por una pluma o una serpiente.

Ratnasambhava (chino): Dios del Sur y de la estación de la primavera, su color es el amarillo y su emblema es un león o una palma vuelta hacia arriba. Usa aromas primaverales para honrarlo (de plantas de floración temprana).

Sedna (Alaska): Diosa de los alimentos, representada por un dedo, focas, ballenas u osos. Sus colores suelen ser de tonos oscuros, ya que también está asociada al inframundo.

Sekhmet (egipcia): Diosa leona que gobierna el orden divino en todas las cosas. Su color es el rojo fuego o el dorado (como el Sol). Unge tus velas con cerveza o zumo de granada para honrarla.

Shekinah (hebrea): Diosa de la sabiduría. Su color es el rojo fuego y puede ser representada por la llama de una vela.

Shou-Hsing (chino): Dios de la longevidad. Sus colores son el blanco y el rosa pálido, y su aroma es el de melocotón.

Sin (caldeo): Dios de la sabiduría, el tiempo, el calendario y la Luna. Su color es el azul lapislázuli.

Thab-lha (tibetano): Un dios del hogar cuyo color es el rojo y cuyo símbolo es una serpiente sostenida en lo alto.

Utiliza especias culinarias como incienso o frota la vela con ellas.

Tyr (teutónico): Dios de la ley. Puede representarse con una vela que apunta hacia arriba grabada en una vela roja.

Uto (egipcia): Una antigua diosa que representa a la Tierra vital y su energía regeneradora. Su color es el verde y su emblema es la serpiente. Usa aromas de madera.

Vishnu (hindú): Un dios solar védico cuyos colores incluyen el azul y el amarillo. Los símbolos adecuados para grabar en su vela incluyen una concha o un laberinto, ungidos con aceite de loto.

Mujer blanca (hondureña): Diosa de la belleza, sus colores son el blanco y el plateado, y su símbolo es un pájaro.

Xochipilli (azteca): Dios del amor, la primavera, la danza, la música y las actitudes juveniles. Hónralo con velas perfumadas con aromas florales en la séptima hora de cualquier día.

Yakushi Nyorai (japonés): Dios que sana. Hónralo con grabados del Sol o la Luna en tus velas, junto con aromas sanadores.

Yemaja (nigeriana): Diosa de los mares, los ríos y los lagos; su color es el azul. Puede ser representada por una ola del signo del zodíaco de Cáncer.

Yu-Ti (chino): Una deidad principal que gobierna el cielo y es un creador. Su color es el dorado o cualquier tono de jade. Usa candelabros de barro para honrarlo.

Otra manera de usar velas en relación con lo divino es tener una vela que simbolice alguno de los numerosos dioses/diosas bajo cuyo dominio llega la luz del fuego. Cualquier ser que controle la luz del fuego también será capaz de dar poder y bendecir tu trabajo con las velas, y de darle impulso. A continuación ofrezco una breve lista de algunos de los dioses y diosas del mundo que han tenido alguna relación con la luz del fuego.

Dioses y diosas de la luz del fuego

A-ba-sei (chino): Gobierna los fuegos de los hogares y está representado por un horno con tres patas.

Agin deo (indio): Un dios del fuego junto al cual se hacen juramentos.

Agni (balinés, indio): Mora en los fuegos de las ofrendas o los ritos, y protege el hogar y su prosperidad.

Ayaba (Dahomey): Diosa de los fuegos de la cocina y de los alimentos; puede ser invocada con una vela en la mesa del comedor o de la cocina.

Bastet (egipcia): Diosa de las llamas cálidas y fértiles, se representa con un gato.

Brigindo (celta): Diosa del fuego que, además, inspira los trabajos poéticos.

Brigit (irlandesa): Diosa de todos los fuegos sagrados, en particular los del hogar y la chimenea. Brigit es conocida como sanadora y guardiana de diversas artes.

Chih Ching-tzu (chino): La personificación del fuego espiritual que representan las velas.

Foroneo (griego): Dador de fuego y el fuego mismo.

Gabija (lituana): Diosa del fuego y del hogar que, además, protege a la familia. Lo que mejor la representa es una vela que arde eternamente (apagarla extingue el amor en la casa).

Gibil (asirio): Dios del fuego y de la sanación que nos purifica y cuida de todas las formas de magia simbólica, lo cual incluye el trabajo con velas.

Glut: (escandinavo): La mujer de Loki, su nombre significa «brillo». Sus hijas son Eisa (brasas) y Einmyria (cenizas).

Hestia (griega): Diosa de los fuegos del hogar y de la pureza.

Ho Shen (chino): Dios del fuego cuyos templos suelen ser utilizados por los adivinos. Podría ser adecuado para el trabajo de adivinación con velas.

Huchi (japonesa): Diosa que vigila los fuegos domésticos y protege de la enfermedad a quienes están dentro de la casa. Es mejor invocarla con oraciones a la luz de las velas.

Hwa Kwang (taoísta): Dios de la luz, específicamente del fuego y la luz del alma. Además, mora en el fuego de las lámparas de aceite (una alternativa a las velas).

Ixcozauhqui (azteca): Dios del fuego que vela por la progresión del año. Muy adecuado para honrar los cumpleaños.

Kefeliu (peublo): Anciana de los fuegos, especialmente los del hogar y los espacios rituales sagrados.

Maui Motu'a (polinesio): Guardián del fuego.

Me-lha (tibetano): Dios del fuego que aleja a los malos espíritus.

Memdeye-Ecie (siberiano): Padre del fuego. Mora en el Este (amanecer).

Mo-bo-sei (chino): Dios del fuego que impide que las llamas dañen las casas.

Nairyosangha (iraní): Un dios del fuego que actúa como mensajero entre los mundos, específicamente entre los dioses y los humanos.

Okitsuhime (japonesa): Diosa de la cocina y el fuego del hogar.

Ot (siberiana): Una bondadosa diosa del fuego que protege las relaciones, especialmente el matrimonio.

Pahpobi Kwiyo (Nuevo México): El nombre de esta diosa significa flor de fuego y encarna los fuegos sobrenaturales (mágicos, espirituales).

Pattini (India del Sur): Diosa que es la fuente de todos los fuegos.

Phloeng (tailandés): El espíritu del fuego que a veces es invocado durante el parto.

Safa (caucásica): Diosa del hogar, por la cual se hacen promesas.

Sakhala (siberiana): La diosa que gobierna todos los fuegos.

Suci (indio): Los fuegos purificadores, que limpian.

Tatevali (mexicano): Dios de la vida y los fuegos dadores de salud, también gobierna las hierbas y las profecías. Es representado por águilas y tigres.

Thab-Iha (tibetano): Dios del hogar que ayuda con los asuntos económicos.

Togo Musun (siberiana): Dama del fuego que protege a la familia, el clan o la tribu.

Vesta (romana): Diosa de los fuegos sagrados, los fuegos públicos y los fuegos del hogar, especialmente aquellos con llamas continuas.

Xaaceszini (navajo): Dios que representa el control eficaz del elemento fuego.

Xiuhtecuhtli (azteca): Dios que vela por los fuegos del universo. El mejor momento para honrarlo es durante la primera hora de la noche o de la mañana.

Sólo unas palabras de advertencia para el uso de cualquiera de estas listas de correspondencias: no invoques a un dios o diosa específico sin antes haber establecido una relación con él o ella y haber comprendido el entorno cultural en el que aparece su imagen. De la misma manera que no llamarías a la puerta de un absoluto desconocido para pedirle algo personal, no debes hacerlo con los dioses y las diosas.

✢ ✢ ✢

Debemos respetar lo que cada uno de estos nombres representa a un nivel más amplio y honrar delicadamente nuestra relación con lo divino en nuestra magia. La luz de las velas puede ayudarnos a hacerlo, pero es mucho más importante que nuestra actitud y nuestros corazones estén en el lugar correcto. Cuando así sea, ¡zas! ¡Aparecerá la magia!

Apéndice   Consejos y términos

En tu trabajo de magia con velas y de elaboración de las mismas se pueden presentar diversas situaciones que te confundirán: por ejemplo, ¡cómo diablos puedo quitar la cera de alfombras y telas especiales! Esto es algo bastante habitual; por lo tanto, he elaborado una lista de ayudas y consejos que deberían facilitarte bastante las cosas. Además, al final de este apéndice encontrarás una lista de términos relacionados con las velas que te ayudarán a elegir mejor los componentes para tu trabajo con las velas.

Limpieza

✛ Si una vela gotea sobre una tela, deja siempre que se enfríe antes de intentar quitar la cera. Coloca un pedazo de papel sobre la parte superior de la cera fría. Presiona muy suavemente usando una plancha a la temperatura mínima. Retira el papel cuando haya absorbido la cera. Si esto no funciona, coloca la tela bajo un chorro de agua hirviendo (no dentro del fregadero, porque se podría atascar).

✛ Otra manera de quitar la cera de una tela es congelándola y retirando pequeños fragmentos cada vez, seguido del proceso indicado arriba.

✛ Cuando las velas estén sucias por haber estado guardadas, frotarlas con una tela suave con un poquito de aceite de oliva las deja muy limpias.

✛ Los candelabros para velas votivas se limpian más fácilmente si antes has puesto un poco de agua en la base.

Rituales y reuniones

✛ Encender una vez la vela antes del evento y luego apagarla con un soplido hará que después el encendido sea más fácil.

✛ Mantén las velas fuera de las corrientes de aire para evitar que se apaguen o que goteen excesivamente. Si esto es imposible, utiliza velas que tengan alguna protección contra las corrientes (como las velas pilar).

✛ Refrigera las velas antes de usarlas (envueltas en papel de aluminio o en plástico). Esto ayuda a que la cera arda durante más tiempo y de una manera más uniforme.

✛ Si una vela aromática ha perdido su intensidad justo antes de un hechizo o ritual, úngela con un aceite esencial, desde la base hacia arriba, para crear la mejor energía posible. Puedes invertir este movimiento en los hechizos para desterrar.

Seguridad

De lejos, la seguridad de las velas es una de las cosa más importantes a tener en cuenta. Después de todo, de nosotros depende el «no hacer daño a nadie», incluidos nosotros mismos, y nadie quiere que sus objetos valiosos se quemen en un incendio producido por las velas. Para contribuir a ello, sigue juiciosamente las siguientes pautas:

✤ Mantén las velas lejos de cortinas, pelos u otros elementos inflamables.

✤ Nunca dejes una vela ardiendo sin vigilancia.

✤ Ahueca la mano junto a la llama de la vela cuando soples para apagarla. Así no tendrás que soplar con tanta fuerza y esto, a su vez, evitará que la cera salpique.

✤ Mantén las velas fuera de las corrientes de aire y recorta bien las mechas (para que no excedan los 6 mm antes de arder).

✤ Intenta no dejar que las velas ardan más de 5 cm por encima del borde del candelabro. ¡Esto es especialmente importante si estás usando candelabros de madera!

Almacenamiento

Al vivir en un clima de cuatro estaciones, ¡a menudo olvido que la cera de la vela no tolera tan bien los cambios de temperatura como yo! Si no quieres tener velas flácidas o deformes, sigue las siguientes pautas:

✤ Guarda las velas en un lugar fresco (no más de 20°) y oscuro. Esto conserva el color y el aroma.

✤ Guarda por separado las velas de diferentes aromas, pues de lo contrario unas absorberían los perfumes de las otras.

✤ Envuelve las velas individualmente para que conserven sus aromas.

✤ Mantén las velas horizontales para que no se curven y pierdan la forma cuando la temperatura suba de forma inesperada.

✤ En una acampada, mantén las velas en una nevera portátil para protegerlas.

✤ Guarda las velas de diferentes colores separadas con papel de embalaje. Esto evitará que los colores se mezclen.

Terminología asociada a las velas

Sólo por diversión, he aquí algunos de los términos más comunes aplicados a las velas. Esta información te podría resultar útil cuando estés buscando la vela adecuada para un hechizo o ritual, o los componentes para hacer un determinado tipo de vela.

Vela vaciada: También llamada vela de molde. La cera para estas velas se vierte dentro de una forma predeterminada (los niños, por ejemplo, suelen hacer velas con envases de leche). Los moldes se pueden confeccionar fácilmente o comprar en tiendas de arte.

Vela con recipiente: Una vela cuya cera es vertida directamente en el recipiente que la contendrá mientras arde. Las velas de larga duración suelen estar hechas de este modo para mayor seguridad y porque gotean menos.

Vela sumergida: Confeccionada mediante un proceso bastante costoso en el cual la mecha se sumerge en la cera derretida varias veces. Así es como se fabrican los cirios.

Vela arrastrada: Este procedimiento no crea una vela *per se*, sino una mecha cubierta de cera, la cual era popular en algunos tipos de lámparas antiguas. Este método también se utiliza para confeccionar unas velas diminutas, como las de los pasteles de cumpleaños. Arrastra lentamente una mecha larga pasándola por la cera, permitiendo que recoja una capa gruesa.

Vela expulsada: Una vela creada mecánicamente que se produce haciendo pasar la cera a través de una plantilla, mediante presión, como quien expulsa la crema para cubrir un pastel. Luego se corta de distintos tamaños.

Velas novedosas: Prácticamente todos los tipos de velas que no encajan en una descripción convencional, como las que tienen forma de animales o personas. Las velas novedosas suelen funcionar muy bien como muñecos.

Velas pilar: Las velas pilar tienen una sección transversal con una forma geométrica. Al comprar velas o material de pilar ten en cuenta que se los describe por diámetro, no por altura. Por ejemplo, un pilar de 10 cm sería de esa medida de un borde a otro de un círculo, un cuadrado o un octágono, dependiendo del molde utilizado.

Vela vertida: Es un antiguo método para confeccionar una vela mediante el vertido repetido de cera sobre la mecha. Es similar a la vela sumergida y se pueden conseguir diferentes formas.

Vela a presión: Se trata de un método moderno para hacer velas a partir de bolitas de cera.

Velas enrolladas: Éste es un método muy sencillo para hacer velas, en el que se utilizan láminas de cera que se enrollan alrededor la mecha. Un poco de calor al final de la lámina la fija en su sitio.

Cirios: Es el tipo de vela más corriente, con un diámetro de un promedio de 2 cm y un largo de entre 12 y 22 cm.

Velas votivas: También conocidas como velas de té, son velas pequeñas y redondas que se colocan en contenedores de vidrio u otros. Normalmente no miden más de 3,5 cm de ancho y 7 cm de alto. Las velas de té suelen ser más pequeñas que las votivas.

Mecha: Es un trozo de cuerda trenzada, tratada con un fijador, que se enciende para hacer arder la vela. El fijador regula la rapidez o lentitud con que arderá la mecha. En el capítulo 1 se describen los distintos tipos de mecha.

Bibliografía selecta

ALDINGTON, Richard, *New Larousse Encyclopedia of Mythology,* Middlesex, Inglaterra, Hamlyn Publishing, 1973.

ANN, Martha, y Dorothy MYERS IMEL, *Goddesses in World Mythology,* Nueva York, Oxford University Press, 1995.

BEYERL, Paul, *Herbal Magick,* Custer, Washington, Phoenix Publishing, 1998.

BRUCE-MITFORD, Miranda, *Illustrated Book of Signs and Symbols,* Nueva York, DK Publishing, 1996.

BUDGE, E. A. Wallis, *Amulets and Superstitions,* Oxford, Inglaterra, Oxford University Press, 1930.

CAVENDISH, Richard, *A History of Magic,* Nueva York, Taplinger Publishing, 1979.

CRISTIANI, R. S., *Perfumery and Kindred Arts,* Nueva York, Taplinger Publishing, 1979.

CUNNINGHAM, Scott, *Encyclopedia of Magical Herbs.* St. Paul: Llewellyn Publications, 1988.

_____ , *Magic in Food,* St. Paul, Llewellyn Publications, 1991.

_____ , *Enciclopedia Cunningham de la magia de cristales, gemas y metales*, España, Editorial Mirach, S.A., 1997.

DAVISON, Michael WORTH, ed., *Everyday Life Through the Ages,* Pleasentville, Nueva York, Reader's Digest Association, 1992.

FARRAR, Jane y Stewart, *Spells and How They Work,* Phoenix, Washington, 1990.

FREETHY, Ron, *Book of Plant Uses, Names and Folklore,* Nueva York, Tanager Books, 1985.

GORDON, Leslie, *Green Magic,* Nueva York, Viking Press, 1977.

GORDON, Stuart, *Encyclopedia of Myths and Legends,* Londres, Headline Book Publishing, 1993.

HALL, Manley P, *Secret Teachings of All Ages,* Philosophical Research Society, Los Ángeles, 1977.

HUTCHINSON, Ruth, *Everyday's a Holiday,* Nueva York, Harper and Brothers, 1961.

KUNZ, George Frederick, *Curious Lore of Precious Stones,* Nueva York, Dover Publications, 1971.

LEACH, Maria, ed., *Standard Dictionary of Folklore, Mythology, and Legend,* Nueva York, Harper and Row, 1984.

LOEWE, Michael, y Carmen BLACKER, eds., *Oracles and Divination,* Boulder, Shambhala, 1981.

MILLER, Gastavus HINDMAN, *Ten Thousand Dreams Interpreted,* Chicago, M.A. Donohuse and Co., 1931.

MITFORD, Miranda BRUCE, *Signos y Símbolos (el libro ilustrado de),* España, Naturart, S.A., 2000.

OPIE, Iona, y Moira TATEM, *A Dictionary of Superstitions,* Nueva York, Oxford University Press, 1989.

OPPENHEIMER, Betty, *Haz tus propias velas,* España, Ediciones Robinbook, S.L., 2001.

POTTERTON, D., ed., *Culpeper's Herbal,* Nueva York, Sterling Publishing, 1983.

TELESCO, Patricia, *Kitchen Witch's Cookbook,* St. Paul, Llewellyn Publications, 1994.

_____ , *The Language of Dreams,* Freedom, California Crossing Press, 1997.

_____ , *Futuretelling,* Freedom, California, Crossing Press, 1997.

_____ , *Herbal Arts,* Secaucus, Nueva Jersey, Citadel Books, 1997.

WALKER, Barbara, *The Woman's Dictionary of Symbols and Sacred Objects,* San Francisco, Harper and Row, 1988.

WARING, Philippa, *The Dictionary of Omens and Superstitions,* Secaucus, Nueva Jersey, Chartwell Books, 1978.

Índice temático

Acerca de la autora

Patricia Telesco es madre de tres niños, esposa, el ser humano más importante para tres animales domésticos y escritora profesional a tiempo completo, con más de 50 libros sobre metafísica en el mercado. Los títulos que ha publicado incluyen *Goddess in My Pocket, Futuretelling, The Herbal Arts, Kitchen Witch's Cookbook, Little Book of Love Magic, Your Book of Shadows, Spinning Spells: Weaving Wonders, Magia Fácil* (publicado por Ediciones Obelisco) y otros títulos, cada uno de los cuales representa un área distinta de interés espiritual para ella y para sus lectores.

Trish se considera una «bruja de cocina» militante, con los pies en la Tierra, de las que empuña una cuchara de madera, cuyo amor por el folclore y las costumbres del mundo entero condimenta cada hechizo y cada ritual. Aunque su formación «wiccana» original fue autodidacta, más tarde fue iniciada en la tradición *Strega* de Italia, la cual da forma y plenitud a la magia popular que ella practica. Sus creencias más sólidas consisten en seguir su visión personal, ser tolerante con las otras tradiciones, hacer de la vida un acto de adoración y ser creativo para que la magia crezca con uno mismo.

Trish viaja dos veces al mes para dar charlas e impartir talleres en los Estados Unidos. Ha aparecido en varios espacios en televisión, como por ejemplo en *Sightings,* sobre los sistemas de adivinación multiculturales, o en el *Debra Duncan Show,* hablando sobre la wicca moderna. Trish también mantiene una fuerte presencia en las publicaciones metafísicas, incluida *Circle Network News* y *Silver Chalice,* y en internet a través de páginas web tan populares como *www.witchvox.com* (centrado en las fiestas), su página en *www.loresinger.com,* su club en Yahoo! en *www.clubs.yahoo. com/clubs/folkmagicwithtrishtelesco* y apariciones en chats de internet y en tablones de anuncios.

Los pasatiempos de Trish incluyen la jardinería, la herboristería, preparar bebidas, las manualidades, la restauración de antigüedades y el paisajismo. En la actualidad ayuda a coordinar viajes a Europa centrados en la espiritualidad, incluido un circuito de fantasmas y hadas por Irlanda en el año 2002. Además, está implicada activamente en promocionar y apoyar los fondos paganos para comprar terrenos, para que tengamos más espacios donde reunirnos y asistir al culto de forma libre. Para más información, visita *www.phoenix-festivals.com* y *www.dragonhills.com.*

Índice